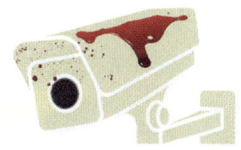

Eva Eich

Escape Room

★ ★ ★ ★ ★ ★ ★ ★ ★ ★ ★ ★ ★ ★ ★ ★

Das Hotel der tausend Augen

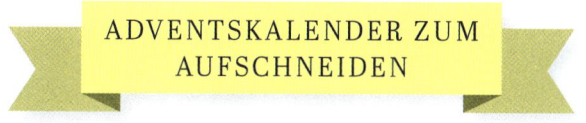

ADVENTSKALENDER ZUM
AUFSCHNEIDEN

STOPP!!!

Bevor du in dieses Abenteuer startest, solltest du wissen, auf was du dich einlässt ... Auf jeder Doppelseite erwartet dich ein neues Kapitel der spannenden Geschichte und ein neues Geheimnis. Aber dieser Thriller ist kein normales Buch, bei dem du eine Seite nach der anderen umblätterst. Nur wenn du es schaffst, das aktuelle Rätsel zu lösen, erfährst du, an welcher Stelle im Buch du weiterlesen darfst.

Dazu werden dir mehrere Antwortmöglichkeiten angeboten. Hinter jeder Option siehst du einen kleinen Bildausschnitt oder ein kleines Detail. Doch nur bei der richtigen Antwort steht ein Bild, das du genau so auch tatsächlich auf den Zwischenseiten des Buches entdecken kannst.

So kannst du nicht aus Versehen eine falsche Seite öffnen.
Also keine Sorge, falls du mal nicht gleich auf die Lösung kommst! Mit scharfem Entdeckerblick bleibst du auf dem richtigen Weg.

Hinweise und Zusatzmaterial findest du auf der Website www.arsedition.de/esc

Finde die richtige Antwort – entdecke den Bildausschnitt – öffne die Seite dahinter!

Hinweise gibt's hier!

→ NOCH EIN BEISPIEL

DAS HIER IST ...

1 EIN REISEFÜHRER

2 EIN TELEFONBUCH

3 EIN ESCAPE-ADVENTSKALENDER

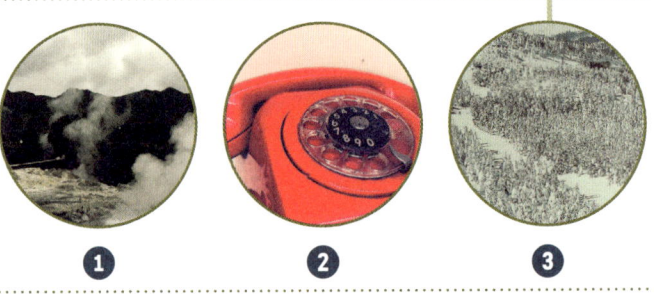

1   **2**   **3**

Tommy folgte dem plattgewalzten Schneepfad, der ihn von der Lifthütte zu dem Hotel führte. Aus der Nähe betrachtet sah man deutlich, dass das Gebäude schon bessere Tage gesehen hatte. Der weiße Putz blätterte an vielen Stellen ab und einige der Fenster im zweiten Stock waren zersplittert.

Seit dem Vorfall vor zwei Jahren hatte das Haus keine Besucher mehr gesehen und hatte in einem eiskalten Dornröschenschlaf dahinvegetiert. Damals hatte der Besitzer des Hotels Selbstmord begangen, indem er sich im Gastraum erhängt hatte. Das Hotel Kaiserblick war geschlossen worden, und auch die zugehörige Seilbahn war seitdem außer Betrieb. Da es keine offizielle Straße zu dem Anwesen gab, blieb das Gebäude dem Wetter und sich selbst überlassen. Eine Lawine im letzten Jahr hatte dem Hotel schließlich besonders hart zugesetzt. Seitdem waren bestimmte Teile des Gebäudes einsturzgefährdet.

Doch an der Eingangstür hatte offensichtlich erst vor kurzem jemand Hand angelegt. Sie war mit einem modernen elektrischen Schloss ausgestattet und auf ihrem Türblatt prangte ein goldenes, dreieckiges Symbol. Neben dem Klingelknopf hatte jemand eine Notiz angebracht ...

WIE OFT MUSS TOMMY DIE KLINGEL DRÜCKEN?

 16-mal    18-mal    10-mal

Zähle richtig und drücke weise. Doch sei gewarnt: Nichts ist umsonst!

Einatmen … eins. Ausatmen … zwei. Einatmen … drei … Tommy zählte im Kopf bis zehn und versuchte dabei, seine Gedanken und seinen Körper unter Kontrolle zu bekommen.

Er schwebte mindestens zehn Meter über dem verschneiten Erdboden und trotzdem hämmerte sein Herz gegen den Brustkorb, weil er sich eingeengt fühlte. Die Platzangst trieb Tommy den Schweiß auf die Stirn. Am liebsten hätte er sich die dicke Daunenjacke vom Körper gerissen, doch er schaffte es, sich zu beherrschen. Die Gondel der alten Seilbahn, in der er saß, wurde von dicken Stahlseilen über den Hang geschleppt. Bei jedem Mast, den sie passierte, ruckelte die kleine Kabine und befeuerte damit Tommys Anspannung.

Er hatte ja gewusst, dass er sich nicht für diese Show hätte bewerben sollen. Es gab schließlich einen Grund, warum er die meiste Zeit vor dem Rechner verbrachte. Er mochte es nicht, das Haus zu verlassen, zu groß war die Gefahr, dass er noch mal von einer Panikattacke übermannt werden würde. Und andere Menschen bedeuteten für ihn nur unkalkulierbare Variablen und die Notwendigkeit, Kompromisse einzugehen. Von ein paar wenigen Ausnahmen, wie seiner Tochter, seiner Ex-Frau oder seinem besten Freund Stefan, mal abgesehen. Zum Glück musste er sich als selbstständiger Grafikdesigner nur selten mit seinen Kunden treffen, meist taten es E-Mails und im Notfall auch eine Videokonferenz.

Beste Voraussetzungen für *Hotel Extreme*, dachte er und musste beinahe über sich selbst lachen. Eine Fernsehsendung, bei der sieben wildfremde Menschen gemeinsam in einem verlassenen Hotel eingesperrt wurden und Rätsel lösen mussten. Aber er hatte keine andere Wahl gehabt. Es ging schließlich um zehn Millionen Euro. Das war seine einzige Chance.

Tommy betrachtete seine Spiegelung in der verkratzten Scheibe der Gondel. Schwarzer Wuschelkopf, blaue Augen und Zähne, die vielleicht ein bisschen schief waren, aber wohl gerade deshalb zu ihm passten. Dass er durch zu viel Bildschirmzeit und zu viele Softdrinks ein paar Pölsterchen angelegt hatte, konnte er mit der Winterkleidung zum Glück ganz gut kaschieren.

Seine Augen wurden weit und sein Blick veränderte den Fokus, durch sein Spiegelbild hindurch auf den Fleck in der Ferne. Das Hotel Kaiserblick. Es ragte zwischen den Schneemassen auf, als ob es sich seiner Geschichte zum Trotz gegen die weiße Flut zur Wehr setzen wollte.

Als Tommy nach einer gefühlten Ewigkeit den Gipfel erreichte und seine Füße wieder festen Boden berührten, erfüllte ihn bereits wieder ein bisschen mehr Zuversicht. Er nahm seine große Reisetasche und stapfte durch den Schnee auf das alte Hotel zu. Niemand schien ihn zu erwarten. Doch er wusste es besser. Ihm war bewusst, dass ihn bereits jetzt Kameras beobachteten, und das würde auch die nächsten 24 Tage so bleiben. Hinzu kam, dass offensichtlich jemand von seiner Teilnahme wusste und diese um jeden Preis verhindern wollte. Vor zwei Tagen hatte ihn ein anonymer Drohbrief erreicht, dessen Botschaft kurz, aber unmissverständlich gewesen war: „Gehe nicht in das Hotel. Du wirst es bereuen." Die Nachricht war nicht nur unheimlich, sondern darüber hinaus sehr mysteriös gewesen, denn die Namen der Kandidaten wurden vom Produzenten der Show, Robert Raki, streng geheim gehalten. Tommy selbst hatte keine Ahnung, wem er gleich begegnen würde. Er hatte dem Brief aber keine größere Bedeutung zugeschrieben, es gab schließlich immer wieder irgendwelche Spinner, die aus unerfindlichen Gründen versuchten, Macht über andere Menschen auszuüben.

Frett entriss Kathy den orangen Zettel, zog einen silbernen Kugelschreiber hervor und begann die Zahlen wie Koordinaten einzusetzen. In jedem Kästchen, das angegeben war, machte er ein Kreuz. Am Ende betrachtete er sein Werk. Die Markierungen hatten drei Zahlen gebildet: 608. Doch als Frett versuchte, diese Kombination einzugeben, tat sich nichts. „Versuch es mal mit 809", schlug Löwmann grinsend vor, und als er Fretts fragenden Blick bemerkte, erklärte er: Das heutige Datum steht vermutlich nicht umsonst auf dem Kopf. Ich schätze, wir sollen auch das Ergebnis auf den Kopf stellen." Tatsächlich sprang die Tür sofort auf.

Dahinter erwartete sie ein beinahe leeres Zimmer. An der Seite stand noch das nackte Gestell eines Bettes und in einer Ecke thronte auf einem alten Holzstuhl eine große, blaue Kühlbox.

Kathy drückte sich an Frett vorbei, um die Box zu öffnen. „Fleisch, Gemüse und Nudeln!", verkündete sie fröhlich. Löwmann, ganz der Koch, sah sich ihre Beute an: „Ein bisschen wenig für sieben Leute ..." Er strich sich nachdenklich über die spärlichen Haare, als ob er bereits überlegte, wie man aus diesen Vorräten das meiste herausholen konnte. „Hier ist noch ein Brief", sagte Kathy, während sie bereits den Umschlag öffnete und vorzulesen begann.

Herzlichen Glückwunsch! Ihr habt euch euer Abendessen verdient. Weitere Anweisungen bekommt ihr ab jetzt über den Lautsprecher im Gastraum. Wenn ihr einen lauten Alarmton hört, müsst ihr euch sofort alle dort versammeln. Wer nicht da ist, wird disqualifiziert.

Und zum Schluss noch eine Warnung: Ihr werdet schnell merken, dass eure Mitstreiter vielleicht nett wirken, aber jeder von ihnen trägt ein dunkles Geheimnis mit sich herum. Einige haben sogar Blut an ihren Händen.

Fangen wir doch mal mit Sebastian an. Wusstet ihr, dass er für den Tod von zwei jungen Frauen verantwortlich ist?

Kathy ließ das Blatt sinken und alle Blicke wanderten plötzlich zu Rowitsch, der abwehrend den Kopf schüttelte. „Das ist nicht wahr! Dass die Strömung im Fluss so stark sein würde, war nicht vorherzusehen! Meine Mitarbeiter haben alles richtig gemacht. Sie wollten die Kajaktour erst absagen, aber die beiden Damen haben sich beschwert, meinten, sie würden uns mit schlechten Bewertungen das Geschäft ruinieren, wenn wir sie nicht aufbrechen lassen würden. Und das ist keine Option bei Rowitsch Adventures." Er stockte kurz. „Es war ein schreckliches Unglück."

Er sah in die Runde, die plötzlich absolut still geworden war. Selbst Frett starrte Rowitsch nur an, und Tommy fragte sich, auf was er sich da bloß eingelassen hatte. Zu was waren seine Mitstreiter fähig? Hatte einer von ihnen ihm den Drohbrief geschrieben? Und würde sein eigenes Geheimnis ebenso bald nicht nur seinen Mitstreitern, sondern auch Millionen Zuschauern vor dem Fernseher mit nur einem schlichten Brief einfach offenbart werden? Ihm wurde kalt. Er dachte an seine Ex-Frau und seine Tochter.

Noch bevor jemand reagieren konnte, schrillte ein unangenehmes Heulen los. „Der Alarm!", rief Frett. „Los, runter!"

Als sie mit der Kühlbox wieder im Gastraum angekommen waren, verkündete eine tiefe, verzerrte Computerstimme: „Der letzte Kandidat ist soeben eingetroffen. Empfangt ihn."

Gehorsam machten sie sich auf den Weg zur Rezeption, Rowitsch mit hängenden Schultern ein wenig hinter den anderen zurück.

Als die Tür aufsprang, fegte ein kräftiger Windstoß dicke Schneeflocken herein. Während ihres Ausflugs in den ersten Stock schien draußen ein kleiner Schneesturm losgebrochen zu sein. Mit einer weißen Schicht auf Wollmütze und Mantel trat ein schlaksiger Kerl in die Lobby. Er war auffallend schlank, scheinbar frisch rasiert, und als er schüchtern lächelte, zeigte sich ein braun verfärbter Schneidezahn, der nicht so recht zu der ansonsten gepflegten Erscheinung passen wollte. „Hallo, ich heiße Mirko", sagte der Mann leise, den Kopf ein wenig eingezogen, wie ein Junge, der eine Tracht Prügel erwartet.

Mehr war aus Mirko erst mal nicht rauszuholen. Er schien keine große Lust zu haben zu reden, aber hörte sich dafür umso interessierter die Vorstellung der anderen Kandidaten an. Tommy konnte ihn nur zu gut verstehen. Er selbst hoffte, dass er in dieser Show so wenig wie möglich von sich preisgeben musste. Da ertönte bereits erneut der schrille Alarmton.

„Wenn ihr heute Nacht gemütlich schlafen wollt, solltet ihr euch um Decken und Kissen kümmern. Seht in den Schlafräumen nach", kommandierte die verzerrte Computerstimme.

Die ehemaligen Unterkünfte der Angestellten verbargen sich hinter einer halb versteckten Tür in der Lobby. Es handelte sich um vier Räume, in denen jeweils zwei leere Betten standen.

KOMM DEM RÄTSEL WEITER AUF DIE SPUR UND ÖFFNE DIREKT DIE NÄCHSTE SEITE!

In einem Raum gab es eine riesige Truhe, auf der ein oranger Zettel prangte:

Versteckte Wege führen euch ans Ziel. Folgt den Spuren der Angestellten und untersucht die Treppe, die von hier aus in den ersten Stock führt!

Nur dann werdet ihr die Truhe öffnen können.

Sofort machten sie sich auf den Weg zu diesem zweiten Aufgang, der die Bediensteten damals ungesehen zu den Gästezimmern geführt hatte und der aus nicht viel mehr als einem engen, dunklen Treppenhaus mit zwei billigen Flutern an der Wand bestand. Auf dem Fuß der untersten Stufe lag erneut ein Zettel, und Tommy bemerkte, dass auf den Treppenstufen eine Art Muster eingeritzt worden war.

WELCHER CODE ÖFFNET DIE KISTE?

1 421   **2** 875   **3** 206

1   **2**   **3**

Die Seiten einer Medaille, gefolgt von der Anzahl der Augen bei einem vertraulichen Gespräch und den Todsünden.

„Rowitsch ist auf keinen Fall beim Spazierengehen ausgerutscht, zumindest nicht gestern Abend", sagte Tommy, ohne den Blick von dem Körper abzuwenden. „Es hat die ganze Nacht geschneit, mindestens einen Meter hoch, würde ich sagen, und der Körper ist kaum mit Schnee bedeckt. Es muss erst vor kurzer Zeit passiert sein."

Als ob er gerade aus einem Albtraum erwacht wäre, drehte Tommy sich ruckartig um und eilte mit schnellen Schritten zur Tür, um nach draußen zu gelangen. „Los, vielleicht ist es noch nicht zu spät, vielleicht können wir ihm noch helfen!", rief er den anderen zu, obwohl er tief im Inneren wusste, dass die eisigen Temperaturen und die riesige Blutlache eine andere Sprache sprachen.

Die anderen folgten ihm – ob aus echter Hoffnung oder weil sie wussten, dass die Kameras liefen, war ihm in diesem Augenblick egal. Er riss die Tür auf und stapfte im Pyjama nach draußen. Mit dem ersten Schritt sank er tief in den Schnee ein und fluchte laut. Dankbar sah er, dass Kathy ihm eine Schneeschaufel reichte, und mit aller Kraft kämpfte er sich bis zu der Terrasse vor, auf der Rowitsch lag, sein Körper seltsam verdreht. Er versuchte mit seinen eisigen Fingern einen Puls zu erspüren, doch vergebens. Auch die anderen standen nun erschrocken und ungläubig hinter ihm, schienen jedoch lieber einen Sicherheitsabstand zwischen sich und der Leiche zu lassen.

Tommy bemerkte, dass er am ganzen Körper zitterte. Löwmann trat neben ihn. „Lass uns wieder reingehen, wir können ihm nicht mehr helfen. Und hier draußen holen wir uns sonst nur auch noch den Tod." Er nahm Tommy bei der Schulter und führte ihn wie ein Vater seinen Sohn zur Haustür.

„Was sollen wir jetzt tun?", fragte Vanessa aufgeregt und etwa eine Oktave höher als normal. Ihre erhabene Eleganz schien sich in Hysterie verwandelt zu haben. „Wir müssen die Polizei verständigen!"

„Wie denn?", fragte Kathy verzweifelt. „Wir haben doch alle unsere Handys abgegeben und wir können auch keinen Kontakt zum Filmteam aufnehmen!"

„Jetzt bleibt doch mal ruhig", ermahnte sie Frett. „Die Kameras laufen die ganze Zeit, zumindest am Tag. Das bedeutet, die haben schon mitbekommen, dass etwas bei uns nicht stimmt. Raki wird sich schon darum kümmern und jemanden zu uns hochschicken."

Ausnahmsweise musste Tommy Frett recht geben. Ihnen waren erst mal die Hände gebunden. Vanessa war allerdings nicht so einfach zu überzeugen. „Hört ihr uns?", rief sie alarmiert und in der Hoffnung, eine der versteckten Kameras zu erwischen. „Wir brauchen dringend Hilfe. Sebastian Rowitsch wurde ermordet."

„Was passiert eigentlich, wenn die Bullen jetzt wirklich kommen?", überlegte Frett. „Ist die Show dann vorbei? Ich geh nicht ohne die zehn Millionen."

„Wie kannst du in so einem Augenblick nur an das Geld denken? Ein Mensch ist gestorben." Vanessa sah ihn finster an.

„Wir warten erst mal ab", sagte Löwmann, offensichtlich um Frieden bemüht.

Während die Gruppe sich in den Gastraum begab, beobachtet Tommy die anderen. Hatte einer von ihnen etwas mit dem Mord zu tun?

Als nach einer halben Stunde immer noch kein Polizist oder ein Mitarbeiter des Filmteams erschienen war, begann auch Tommy unruhig zu werden. „Vielleicht sollten wir versuchen, Hilfe zu holen. Möglicherweise sind die Kameras bei dem Schneesturm ausgefallen!"

„Das kannst du vergessen", sagte Frett. „Du hast doch selbst gesehen, wie hoch der Schnee liegt. Da schaffst du es nicht mal 100 Meter weit, geschweige denn bis zum nächsten Dorf. Und die Seilbahn kann nur von der Talstation aus bedient werden."

In diesem Augenblick ertönte das laute Heulen, das Tommy bereits zu gut kannte.

Diesmal war er froh, es zu hören. Zumindest würde Raki oder die Computerstimme ihnen jetzt sagen, was passieren würde.

„Liebe Kandidaten", dröhnte es aus dem unsichtbaren Lautsprecher, „herzlich willkommen zu Tag zwei von *Hotel Extreme*. Die heutige Rätselaufgabe findet ihr auf dem Schrank im Gastraum."

Das war es. Tommy und die anderen warteten auf eine weitere Nachricht, doch sie wurden enttäuscht. Ungläubig schüttelte Vanessa den Kopf. „Sie machen einfach weiter ...", stammelte sie.

Doch Frett hatte bereits auf dem Schrank herumgetastet und einen orangen Zettel gefunden.

WILLST DU WISSEN, WAS AUF DEM ZETTEL STEHT? DANN ÖFFNE SOFORT DIE NÄCHSTE DOPPELSEITE!

UM WEN GEHT ES?

1 Vanessa Gori

2 Kathy Miller

3 Xaver Löwmann

1   **2**   **3**

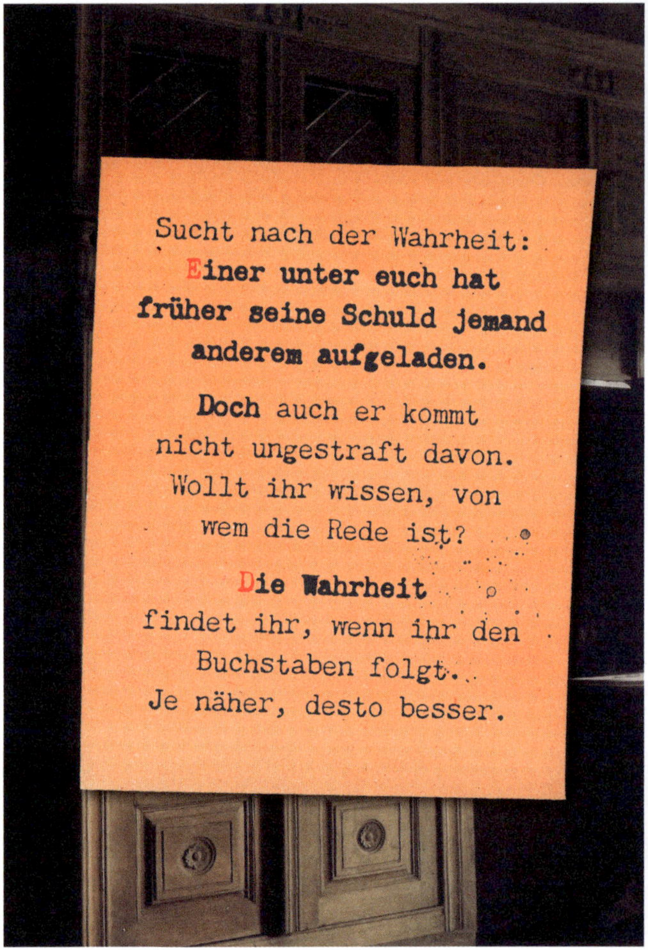

Sucht nach der Wahrheit:
**Einer unter euch hat
früher seine Schuld jemand
anderem aufgeladen.**

Doch auch er kommt
nicht ungestraft davon.
Wollt ihr wissen, von
wem die Rede ist?

Die Wahrheit
findet ihr, wenn ihr den
Buchstaben folgt.
Je näher, desto besser.

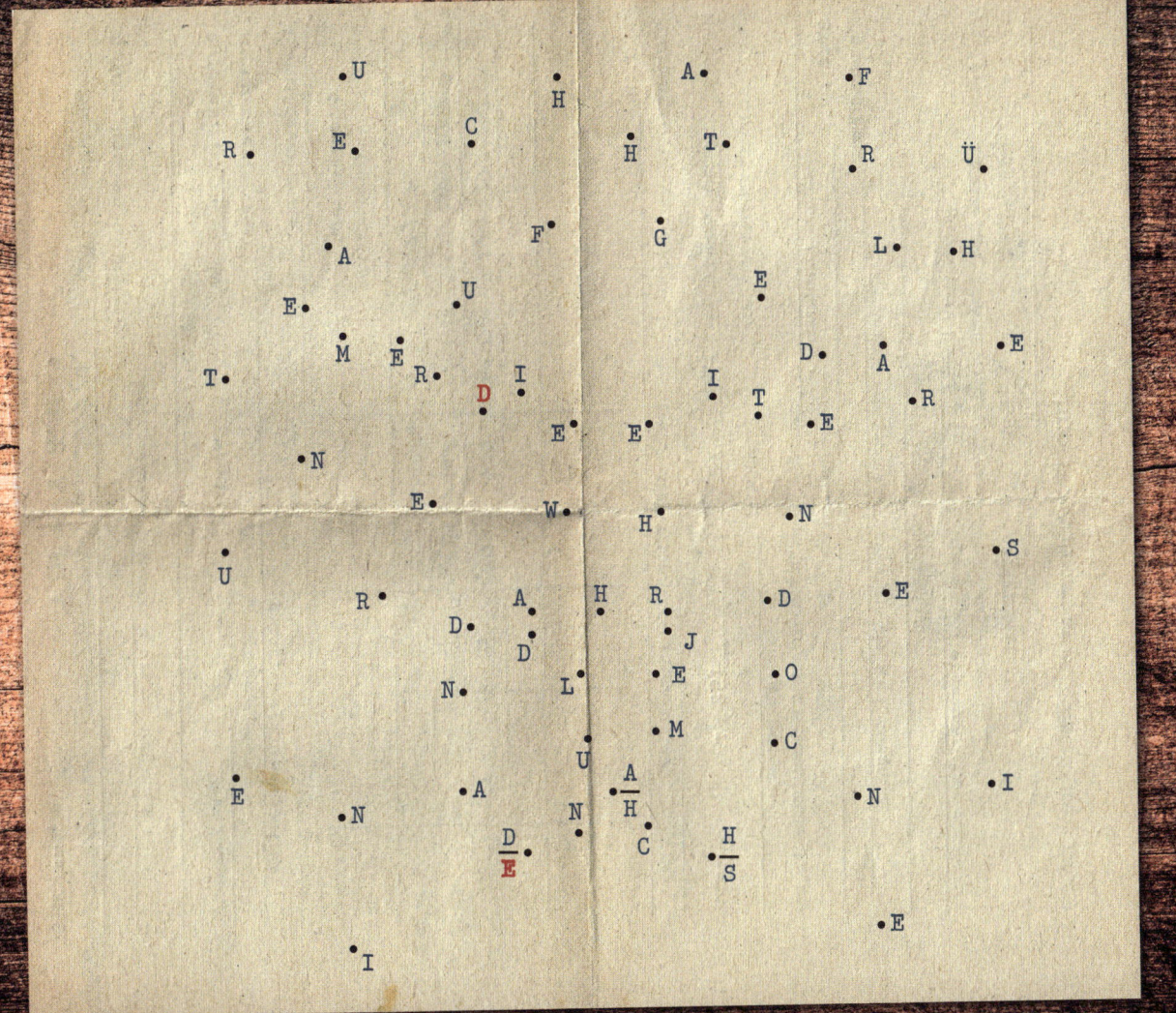

Tommy überlegte blitzschnell, mit Worträtseln tat er sich schwer, er war als Grafikdesigner eher der optische Typ. Doch dann fiel es ihm wie Schuppen von den Augen: Die verschiedenen Orte in einem Haus waren nach Anzahl ihrer Buchstaben sortiert! Schnell fügte er die restlichen ein, womit als erstes Wort „Büro" übrig blieb, da es nur vier Buchstaben hatte. Damit war wohl der Geschäftsraum des ehemaligen Hotelbesitzers gemeint. Raki hatte ihn nicht erwähnt, was bedeutete, dass er zum verbotenen Areal gehörte, gleichzeitig jedoch auch nicht mit Kameras überwacht wurde.

Aber wer hatte ihm diese Nachricht zukommen lassen? War sie eine weitere Warnung wie der Drohbrief, den er vor Beginn der Show erhalten hatte? Wollte der Mörder von Rowitsch ihn in eine Falle locken? Oder war vielleicht ein Verbündeter hier im Haus, der ihm etwas mitteilen wollte, ohne dass die anderen davon etwas mitbekamen?

Da Tommy noch nicht wusste, wem er trauen konnte, knüllte er den Zettel zusammen und verstaute ihn wieder in seiner Manteltasche. Gerade noch rechtzeitig, denn in diesem Moment trat Kathy an seine Seite.

„Was hast du vor?", fragte sie. „Ich will mir die Sache noch mal selbst anschauen. Erscheint mir sicherer." „Du meinst, weil es das Normalste auf der Welt ist, dass eine Leiche mitten im Nirgendwo einfach verschwindet und weil du Frett genauso sehr vertraust wie ich?" Sie grinste verschwörerisch und er zuckte kapitulierend mit den Schultern.

„Ich komme mit!", verkündete Kathy und zog sich bereits ihre dicken Moonboots und einen grünen Daunenmantel an. Gemeinsam stapften sie durch die Schneeflocken zu dem großen Tannenbaum, der von den Fernsehleuten offenbar extra hübsch geschmückt

worden war, was man unter der dicken Schneeschicht allerdings nur noch erahnen konnte. Tatsächlich war Rowitschs Leiche verschwunden. Selbst von dem Blutfleck gab es keine Spur mehr. Wenn Tommy es vorhin nicht mit eigenen Augen gesehen hätte, würde er nicht glauben, dass an diesem Ort noch vor Kurzem etwas Schreckliches passiert sein musste.

Der Wind peitschte den Schnee vor sich her und Tommy musste die Augen zusammenkneifen.

Als er sich nach Kathy umsah, konnte er erkennen, dass ihr Gesicht trotz der Kälte blass geworden war. „Lass uns wieder reingehen, ja?", bat sie Tommy und drehte sich um.

Als sie wieder in der Wärme des Hotels angekommen waren, folgte Tommy Kathy in ihr Zimmer. „Geht es dir gut?", fragte er sie.

Es dauerte ein paar Sekunden, bevor sie antwortete: „Verstehst du denn nicht, was das bedeutet? Da draußen lauert ein Killer auf uns. Wir sind ihm hilflos ausgeliefert, sitzen hier fest, vom Rest der Welt abgeschnitten, und Raki und sein Team können oder wollen uns offensichtlich nicht helfen."

In diesem Moment hörten sie bereits erneut den Alarm und kaum, dass sie den Gastraum betreten hatten, die Computerstimme: „Ihr habt die heutige Rätselaufgabe bereits gelöst, euer Essen für heute Abend und morgen Früh findet ihr deswegen im zweiten Zimmer im ersten Stock. Die Tür ist geöffnet."

Tommy musste den Rest des Tages über das nachdenken, was Kathy gesagt hatte. Er fragte sich, ob er es wirklich riskieren sollte, der Aufforderung in der Nachricht ganz allein zu folgen. Da er aber nicht wusste, was er sonst tun konnte, entschied er sich dafür.

Allerdings nicht, ohne vorher aus der Küche heimlich ein Messer und eine Kerze einzustecken und die Lage des Büros ausfindig zu machen.

In der Nacht wartete er in seinem Zimmer ab, bis er keine Geräusche mehr von den anderen vernahm. Er ließ eine weitere Stunde verstreichen, bevor er sich in Pantoffeln auf den Gang schlich. Er musste sich im Dunkeln vorsichtig in den ersten Stock und dort zu der Tür des Büros tasten. Als er sie geräuschlos hinter sich geschlossen hatte, zündete er die Kerze an.

Das Büro sah beinahe so aus, als ob es gestern noch benutzt worden wäre. Auf dem Schreibtisch fand er ein paar Unterlagen, in einer Ecke stand ein Glasschrank mit Gläsern und großen Tonkrügen und auf dem Boden lag ein Briefumschlag, der in einer Ecke die Aufschrift „T.F." trug. Nur der Dachbalken, der bedrohlich aus der Betondecke herausragte, erinnerte ihn daran, dass dieser Teil des Hotels angeblich einsturzgefährdet war.

Tommy öffnete den Brief mit seinen Initialen darauf und fand ein weiteres Rätsel darin.

DU HAST DEINE REISE ALSO ANGETRETEN. DANN FOLGE JETZT AUCH DER NÄCHSTEN SPUR!

WO SOLL TOMMY SICH JETZT UMSEHEN?

1 Im Glasschrank

2 Auf dem Schreibtisch

3 Unter dem Teppich

Tommy starrte auf die riesigen Zahlen, bis sie ihm fast vor den Augen verschwammen. Genau in diesem Moment erkannte er, dass es nicht um den Wert der Zahlen ging, sondern um ihre Form. Er musste die Anzahl der geschlossenen Ringe in den Zahlenkolonnen zählen. Während eine 0 eindeutig einen Kringel hatte, genau wie die 6 oder die 9, zeigte die 8 gleich zwei davon. In 58621 verstecken sich demnach insgesamt drei Ringe – und die 3 stand auf der Touri-Karte für die Grotte.

Er versuchte die Richtung und die Entfernung zu seinem Ziel abzuschätzen, doch das war gar nicht so leicht, denn die Karte war nur eine vereinfachte Darstellung der Umgebung, um den Gästen des Hotels zu zeigen, was sie im Umkreis alles entdecken konnten.

Die Grotte befand sich offenbar in der Mitte des angrenzenden Waldes, und so musste er nach Osten, wo sich Tannen und Fichten in den Himmel streckten. Er kam gut voran, denn der Schnee war durch die Äste der Bäume aufgehalten worden, und so lag nur wenig davon auf dem unebenen Waldboden. Gleichzeitig war es hier auch ein wenig dunkler als auf der Lichtung, und Tommy musste sich anstrengen, damit er keinen Ast oder andere Hindernisse übersah. Zum Glück hatten sich seine Augen vorhin bereits an die Dunkelheit gewöhnt, und er war froh, keine Taschenlampe dabeizuhaben, die zwar einen kleinen Fleck erhellt, ihn aber für andere Gefahren blind gemacht hätte.

Er hörte in die Stille der Winterlandschaft hinein, doch das Einzige, was er vernahm, war das Knirschen unter seinen Stiefeln. Der Killer schien ihn nicht zu verfolgen, dafür würde er ihm wahrscheinlich irgendwo auflauern, dachte er grimmig.

Mit jedem Schritt, mit dem er sich weiter von dem Hotel entfernte, wuchs in ihm die Unsicherheit. War es wirklich die richtige Entscheidung gewesen, den Aufforderungen eines Wahnsinnigen blind zu folgen? Er hatte bereits zweimal in seinem Leben eine falsche Entscheidung getroffen und damit eine Katastrophe verursacht. Mit den düsteren Gedanken kletterte auch langsam die Kälte in ihm hoch, wie ein Parasit, der sich in seinem Körper einnisten wollte, und er verfluchte sich dafür, mit einer einfachen Jeans aufgebrochen zu sein.

Der Weg erschien ihm ungewöhnlich lang, doch dieses Gefühl kannte er, wenn er einen unbekannten Pfad zum ersten Mal beschritt. Er fragte sich, ob er die Grotte vielleicht verpasst hatte und nun ewig so weiterlaufen musste, bis er vor Erschöpfung zusammenbrechen würde.

Aber er musste durchhalten. Für Kathy. Erleichterung durchströmte ihn, als er endlich eine größere Felswand in der Ferne entdeckte. Er nahm seine letzten Energiereserven zusammen und erreichte schließlich die Felsen und sogar den Eingang zur Grotte. Sie schien nicht tief in das Gestein hineinzureichen, doch die absolute Schwärze am hinteren Ende war nicht bereit, sich ihre Geheimnisse so einfach entreißen zu lassen.

Tommy tastete sich vorsichtig die ersten drei Meter in die Grotte hinein und wäre fast auf den glitschigen Steinen ausgerutscht. Da konnte er auf der hinteren Felswand Buchstaben erahnen. Um sie besser zu erkennen, musste er sich zwischen großen Gesteinsbrocken hindurchquetschen. Als er es schon fast geschafft hatte, erklang plötzlich ein metallenes Schnappen und ein scharfer Schmerz schoss ihm durch das linke Bein.

„Verdammt!" Tommy tastete vorsichtig nach der Ursache seines Leids. Er schien in eine Art Wildfalle getreten zu sein. Sie hatte ihre tiefen Metallzähne in das Fleisch seines Unterschenkels geschlagen und wollte ihn nicht aus ihrem Griff entlassen. Tommy biss die Zähne zusammen und zwang die beiden Teile der Falle wieder auseinander, sodass er sein Bein befreien konnte. Er spürte, wie der Stoff seiner Hose vom Blut feucht wurde.

Er versuchte, sich auf die Buchstaben an der Wand zu konzentrieren, doch der Schmerz machte es ihm schwer, seine Gedanken zu sortieren.

WO MUSS TOMMY JETZT HIN?

---

1 Zum See

2 Zur Kapelle

3 Zum Filmteam

1   **2**   **3**

IDE EIZT ITS
HNERBUTITILC.
UACH ÜFR IDHC.
ENWN UD TICNH IBS
ITMTEHRACNT MA IZEL
SIBT, AHST UD CNHO
EMJADN UAF DME
EWISGSEN. EDN CHLSSEÜL
UZ LALME INFDEST UD
UAF EDM ESI.

Tommy überlegte kurz, dann erkannte er, dass in den vier Gläsern jeweils die Buchstaben eines alkoholischen Getränks durcheinandergeschüttelt worden waren: Bier, Rotwein, Tequila und Cognac. Nur ein Buchstabe passte pro Glas nicht dazu. Er sammelte diese Buchstaben: KGUR. Was, wenn er es ebenfalls in eine neue Reihenfolge brachte, das Wort „Krug" ergab.

Tommys Blick glitt sofort hinüber zu der Glasvitrine an der Wand. Eine der Glasscheiben war bereits zerbrochen und ein handtellergroßes Loch klaffte ihm scharfzahnig entgegen. Der Schrank enthielt verschiedene Weingläser und einige große Glaskrüge, in denen Tommy nichts Auffälliges erkennen konnte. Doch direkt hinter dem Loch stand ein etwa 40 Zentimeter hoher Tonkrug, der mit Symbolen aus blauer Emaille verziert war.

Tommy wollte den Schrank öffnen, doch der Hotelbesitzer hatte ihn zum Schutz vor ungeschickten Händen offenbar abgeschlossen. Auch ein beherztes Rütteln half da nicht. Also versuchte Tommy vorsichtig, durch die gesprungene Glasscheibe in den Krug hineinzufassen. Er ertastete mit den Fingerspitzen etwas Flaches am Boden des Gefäßes.

Doch genau in diesem Moment glaubte er, ein leises Quietschen zu hören. Tommy zuckte zusammen.

„Verdammt!", fluchte er leise, als ihm die scharfe Kante der Scheibe in das Fleisch seines Unterarms schnitt. Doch jetzt hatte er den Zettel im Krug endlich zu fassen bekommen und zog ihn vorsichtig heraus.

Erste Blutstropfen strömten bereits aus der Wunde und Tommy drückte schnell den Ärmel seines Pyjamas darauf. Er lauschte noch einmal in die Stille hinein. Doch das Quietschen war nicht mehr zu hören. Hatte er es sich vielleicht nur eingebildet? Er spürte, wie sein Herz raste und das Adrenalin durch seine Adern pumpte. Sein Atem beschleunigte sich, und so sehr er auch versuchte, sich zu konzentrieren, er bekam ihn nicht unter Kontrolle. Schweiß trat ihm auf die Stirn und sein Brustkorb schien plötzlich in einem Schraubstock zu stecken. „Nicht ohnmächtig werden", beschwor er sich selbst flüsternd. Seine letzte Panikattacke hatte er an der Kasse im Discounter gehabt. Dort war es nicht mal halb so gruselig wie hier gewesen, dafür aber um einiges voller. Er tastete nach dem Messer in seiner Hosentasche und fühlte den rauen Holzgriff. „Einatmen ... eins, ausatmen ... zwei, einatmen ... drei ..."

Er war schon immer eher ein Stubenhocker gewesen, mit leicht depressiver Grundstimmung, und nach dem Abitur hatte er sich noch mehr eingeigelt. Es grenzte an ein Wunder, dass er damals Marlene bei einem Workshop kennengelernt hatte und sie schließlich sogar heiraten durfte. Sie bekamen eine Tochter, Luise, und für die nächsten Jahre verlief sein Leben in recht geordneten Bahnen. Selbst die Scheidung vor drei Jahren hatte er gut weggesteckt, was auch damit zusammenhing, dass Marlene und er sich immer noch sehr gut verstanden. Sie hatte einfach nur etwas anderes in ihrem Leben gebraucht, einen Mann, der auch gerne mal mit ihr ausging. Und den hatte sie letztes Jahr mit Nils nicht nur gefunden, sondern auch verdient, wie Tommy fand. Doch dann war die Sache mit Tommys Freund Stefan passiert und er war in ein völliges Loch gefallen. Seine Panikattacken, die er jahrelang in den Tiefen seines Unterbewusstseins eingesperrt hatte, waren wiedergekommen. Aber das hatte er weder Marlene, noch seinen Eltern erzählt.

Er bemerkte, dass der Druck auf seine Lungen etwas nachließ. Sein Herz beruhigte sich, und er faltete mit zittrigen Fingern den Brief auf, den er eben erbeutet hatte. Er hätte beinahe laut aufgestöhnt, denn statt Antworten enthielt der Zettel offenbar ein weiteres Rätsel.

Es ging um irgendwelche Tiere. Füchse, Eulen und Falken. Da fiel sein Blick auf die Wand hinter dem Schreibtisch. In dem matten Licht der Kerze hatte er es vorhin nicht gleich erkannt, aber da hingen ein paar Geweihe und mehrere ausgestopfte Tiere. Ein Wildschwein schien ihn aus seinen schwarzen Augen zu beobachten, und der Marder daneben sah aus, als ob er sich gleich auf Tommy stürzen wollte. Tommy konnte nicht verstehen, warum manche Menschen sich tote Tiere in die Wohnung hängen. Für ihn hatten diese Präparate immer etwas Unheimliches, beinahe Trauriges, da sie einen Zustand nachzuahmen versuchten, den die Tiere nie wieder erreichen würden.

Aber vielleicht konnten diese kleinen Leichen ihm bei seinem Problem helfen.

WO MUSS TOMMY JETZT NACHSEHEN?

1 Beim Auerhahn   **2** Beim Falken   **3** Beim Reh

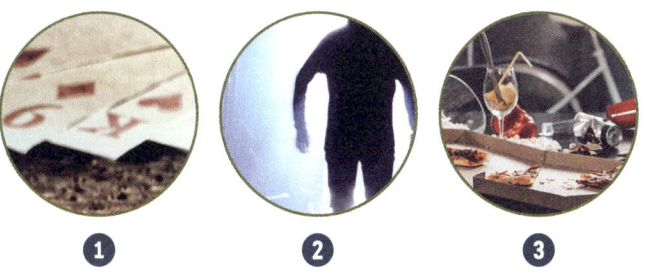

Wenn der Fuchs den Hasen erlegt und die Eule auf den Falken trifft, ist die Zeit der Erkenntnis gekommen.

Tommy war schnell klar, dass er die Buchstaben jedes Wortes in die richtige Reihenfolge bringen musste, um den Sinn zu verstehen. Doch er brauchte länger, um das System zu erkennen, denn der Schmerz drängte sich immer wieder in seine Gedanken: Er musste mit dem größten Buchstaben anfangen, dann ergab sich der Rest. So las er schließlich:

„Die Zeit ist unerbittlich. Auch für dich. Wenn du nicht bis Mitternacht am Ziel bist, hast du noch jemand auf dem Gewissen. Den Schlüssel zu allem findest du auf dem Eis."

Auf dem Eis? Das konnte nur bedeuten, dass er zu dem See musste, der auf der Karte eingezeichnet war. Bei den arktischen Temperaturen war der mit Sicherheit seit Wochen zugefroren.

Tommy zwängte sich aus der Grotte hinaus. Der Schmerz in seinem Bein begann nun, da das erste Adrenalin abflaute, zu einem wütenden Feuer zu werden. Er versuchte, die Wunde mit seinem Schal notdürftig abzubinden. Diese Falle hatte nicht zufällig dort gelegen, da war Tommy sich sicher. Er fragte sich, welche Überraschungen der Killer noch für ihn bereithielt. Doch so sehr es ihm widerstrebte, er war dem Typen ausgeliefert, wenn er Kathy noch retten wollte. Er dachte an seine Ex-Frau und seine Tochter. Was würden sie sagen, wenn er hier starb und sie auf dem riesigen Haufen Schulden sitzen bleiben würden, den seine Bitcoin-Aktion verursacht hatte?

Mit dem verletzten Bein kam Tommy nur langsam voran, jeder Schritt verursachte ihm Höllenqualen. Und so dauerte es über eine halbe Stunde, bis er den Waldrand erreicht hatte und auf den See blicken konnte.

Im Sommer war dies sicher ein Ort der Entspannung, mit Badewiese und Blick auf das Bergpanorama. Jetzt zeigte sich nur eine vollkommen flache, weiße Fläche, die inmitten der Bäume lag wie ein kahler Fleck oder eine Narbe.

Wenn du nicht bis Mitternacht am Ziel bist, hast du noch jemand auf dem Gewissen. Diesen Satz wiederholte er in Gedanken wie eine kaputte Schallplatte. Er sah auf die Uhr, es war 22:50 Uhr und sein Kopf war ein einziges Chaos. Wusste der Killer von damals? Oder war es einfach nur eine Drohung, um ihm Angst zu machen? Tommy spürte, wie die Gedanken, vor denen er all die Jahre Angst gehabt hatte, über ihn hereinzubrechen drohten.

Da entdeckte er einen neongelben Turnschuh, mitten auf dem Eis. Der Schuh war etwa drei Meter vom Ufer entfernt und deshalb gut erkennbar. Als Tommy die Augen zusammenkniff, sah er, dass in ihm eine kleine Box zu stecken schien. Das musste der letzte Hinweis sein. Die Antwort auf seine Fragen.

Vorsichtig setzte er den gesunden Fuß auf das Eis, dann zog er den zweiten mit schmerzverzerrter Miene hinterher. Da glaubte er, ein leises Knarren zu hören. Langsam schob er sich Zentimeter für Zentimeter über das Eis, dem Schuh entgegen. Er war nur noch eine Armlänge entfernt, als das Knarren zu einem Krachen wurde und er spürte, wie das Eis unter ihm wegbrach.

Das kalte Wasser umschloss ihn wie eine Faust und nahm ihm fast die Luft zum Atmen. Glücklicherweise war der See an dieser Stelle nur einen Meter tief, sodass er nicht komplett untertauchte. Er griff nach vorne und rettete den Turnschuh und die darin enthaltene Plastikbox aus dem Wasser. Mit letzter Kraft schleppte er sich zurück ans Ufer, wo er vor Kälte zitternd zusammenbrach.

Wie hatte das Eis überhaupt brechen können? Hier oben war es seit Wochen nie wärmer als minus fünf Grad gewesen. Die Schicht hätte ihn tragen müssen, es sei denn, jemand hätte das Eis vorher präpariert.

Tommys Jeans waren bis zu den Oberschenkeln klatschnass, genauso wie seine Boots. Die Kälte fraß sich in seinen Körper und er wusste, dass er in diesem Zustand und bei den Temperaturen nicht lange würde durchhalten können. Aber er hatte sowieso nur noch 42 Minuten, wie ihm der Blick auf seine Armbanduhr verriet. Und so versuchte er, die kleine Plastikbox zu öffnen, die ihn in diese Falle gelockt hatte. Doch seine Hände zitterten so stark, dass er drei Anläufe brauchte, um die Verschlussflügel des Deckels nach oben zu klappen. Darin fand er einen weiteren Zettel, der ihn stark an den erinnerte, der in den Federn des Auerhahns gesteckt hatte. Mühsam fingerte er den alten Brief aus der Innentasche seiner Jacke und verglich die beiden Papiere miteinander.

WAS STEHT AUF DEM ZETTEL?

1 Ein Name

2 Ein Ort

3 Ein Zustand

„Das kann doch jetzt wohl nicht dein Ernst sein, Frett?", fluchte Vanessa entgeistert.

„Wieso?", fragte er scheinheilig. „Geht es bei dem Rätsel vielleicht um dich, Blondie mit dem großen Herzen?"

„Man muss nicht für eine Wohltätigkeitsorganisation arbeiten, um zu verstehen, dass ein Mord wichtiger ist als eine bescheuerte Fernsehshow", stand Kathy Vanessa bei.

„Wer weiß ..." Frett machte eine vielsagende Pause. „Wie meinst du das?", fragte Tommy ihn irritiert.

„Na, ich sage ja nur, dass Raki dafür bekannt ist, dass seine Shows gerne mal etwas über die Stränge schlagen. Und diesmal geht es immerhin um zehn Millionen Euro. Vielleicht gehört das alles zum Konzept. Erinnert ihr euch? Nichts ist umsonst ..."

„Das ist doch lächerlich!" Löwmann trommelte mit den Fingern auf die Theke des Gastraums. Doch Frett ließ sich nicht beirren und begann mit seinem Edel-Kugelschreiber die Buchstaben auf dem Blatt miteinander zu verbinden, indem er die Satzteile suchte, die fett geschrieben waren und bei den Markierungen ansetzte. Als er fertig war, lächelte er Löwmann böse an. „Ein Löwenkopf! Na, wenn das mal kein Hinweis auf unseren Sternekoch ist ..."

Löwmann tastete unbewusst nach der goldenen Stickerei auf seiner Lodenweste, dann seufzte er einmal tief, bevor er erklärte: „Genau um den Stern geht es. Ich hätte ihn eigentlich schon längst abgeben müssen. Wisst ihr, ich habe unglaublich viel gearbeitet, um die Restaurants und meine Marke hochzuziehen. Keine Zeit für Frau oder Kinder. Und in der Gastro passiert es eben schnell mal, dass man sich bei oder nach der Arbeit einen leckeren Wein gönnt, manchmal eben auch drei oder vier. Irgendwann ist mir alles über den Kopf gewachsen, ich habe die Abrechnungen komplett an meinen Berater übertragen und der hat nicht immer alles bei der Steuer angegeben. Ich dachte mir das, hab aber nicht nachgefragt. Es gab auch so genug zu tun. Bis ein Kommissar für Wirtschaftskriminalität vor meiner Tür stand. Ich wurde wegen Steuerhinterziehung angeklagt, deswegen stehe ich auch kurz vor der Insolvenz. Und zu allem Übel ist nur drei Tage später ein Restauranttester bei uns aufgetaucht. Ich war an dem Abend so betrunken, dass ich sein Rindertartar total versemmelt hab. Mein Sous-Chef Jean hat mir angeboten, alle Schuld auf sich zu nehmen – für einen entsprechenden Betrag, versteht sich. Aber es erschien mir damals als die einzige Möglichkeit, den Stern und damit die Zukunft des Restaurants zu retten. Ganz schön albern, so eine Dummheit von einem 62-jährigen Mann." Beschämt schaute er zu Boden und Tommy empfand Mitleid. Schließlich wusste er nur zu gut, dass eine einzige falsche Entscheidung manchmal ein ganzes Leben ins Verderben stürzen konnte. „Jeder macht mal Fehler", sagte er zu Löwmann, während er neben den Koch an den Tresen trat. „Ich hoffe nur, ich liege nach diesem Geständnis nicht als nächster in einer Blutlache", sagte Löwmann so leise, dass nur Tommy es hören konnte.

Während Tommy mit dem Koch über seine Geschichte sprach, beobachtete er, dass Mirko Walbecker in sich zusammengesunken allein an einem Tisch kauerte. Zusammen mit Löwmann setzte er sich zu dem Nachrückkandidaten.

„Geht es dir gut?", fragte Tommy ihn. Der Mann nickte nur stumm. Um das Gespräch in eine andere Richtung zu lenken, erkundigte sich Tommy: „Was machst du eigentlich beruflich, Mirko?" Der hagere Mann kratzte sich nervös am Hals. „Nicht besonders viel ...", sagte er ausweichend. „Wie meinst du das?", hakte Löwmann nach. „Ich bin obdachlos", sagte Mirko tonlos. „Oder vielmehr war obdachlos. Bevor diese Typen von der Produktionsfirma mich auf der Straße eingesammelt haben. Sie haben mich in die Badewanne gesteckt, zum Frisör geschickt, mich neu eingekleidet, bevor sie mich in diese Seilbahn gesetzt haben." Mirko kratzte sich erneut am Hals und schwieg wieder. So als ob diese Offenbarung seine Tagesration an Wörtern aufgebraucht hätte.

In diesem Moment kam plötzlich Frett in seinem Mantel in den Gastraum gestürmt. Tommy hatte gar nicht gemerkt, dass er das Haus verlassen hatte. „Sie ist weg!", rief er aufgeregt. „Die Leiche ist weg!"

„Wie, weg?", fragte Tommy ungläubig. „Rowitsch ist ja wohl nicht aufgestanden und davongelaufen."

„Keine Ahnung", gab Frett zu, „ich habe nur gesehen, dass da niemand mehr liegt. Und Spuren konnte ich bei dem Schneegestöber auch keine erkennen. Es ist, als ob er nie da gewesen wäre."

Tommy wusste nicht, was er von dieser Nachricht halten sollte. Er entschied, selbst noch einmal nachzusehen, und suchte an der Garderobe in der Lobby nach seinem Mantel. Als er in die Taschen griff, um sich seine Handschuhe herauszunehmen, bemerkte er einen kleinen Zettel.

Er sah sich kurz um, aber noch war er allein, also faltete er das Stück Papier auf und las.

WO SOLL TOMMY HINKOMMEN?

1 Auf den Dachboden

2 In den Wintergarten

3 Ins Büro

1   **2**   **3**

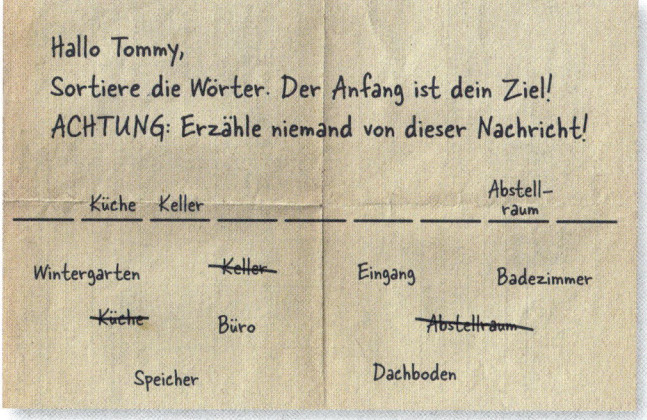

Hallo Tommy,
Sortiere die Wörter. Der Anfang ist dein Ziel!
ACHTUNG: Erzähle niemand von dieser Nachricht!

___ Küche Keller ___   ___ ___ ___ Abstell-raum ___

Wintergarten   ~~Keller~~   Eingang   Badezimmer

~~Küche~~   Büro   ~~Abstellraum~~

Speicher   Dachboden

Im Geiste bildete Tommy eine Linie zwischen dem Fuchs und dem Hasen und eine weitere zwischen Eule und Falke. Beide Linien kreuzten sich genau dort, wo der Auerhahn hing. Tommy überwand seinen Ekel und befühlte die glänzenden Federn des Tieres. Da spürte er, dass jemand zwischen die Schwanzfedern einen Zettel gesteckt hatte.

Es waren seltsame Symbole darauf zu erkennen, aber keine weiteren Anweisungen. Tommy hatte keine Ahnung, was er mit dieser Nachricht anfangen sollte. Er beschloss, es für diese Nacht gut sein zu lassen, und schlich sich so leise er konnte wieder zurück in sein Zimmer.

Als er am Morgen von Schritten im Flur geweckt wurde, erinnerte ihn ein brennender Schmerz am Unterarm an seinen nächtlichen Ausflug. Er säuberte den Schnitt notdürftig und zog den Ärmel seines Pullovers weit hinunter.

Im Gastraum waren die meisten bereits beim Frühstücken und knabberten an Knäckebrot oder den Resten von gestern Abend herum. Löwmann hatte darauf bestanden, nicht die komplette Ration zu verbrauchen, sondern ein paar Vorräte zurückzuhalten, falls sie eines der Rätsel nicht lösen konnten. Alle saßen gemeinsam an einem großen Tisch, sogar Mikro Walbecker schien ein wenig seiner Zurückhaltung aufgegeben zu haben und biss herzhaft in sein Brot.

„Guten Morgen!", sagte Vanessa, als sie als letzte zu der Gruppe dazustieß, ihr aschblondes, langes Haar schmiegte sich um ihr Gesicht. „Gut geschlafen?", fragte sie in die Runde. „Geht so", meinte Frett ungewohnt kurz angebunden. „Mein Magen hat sich über mangelnde Nahrungszufuhr beschwert", erklärte er, und Tommy wusste nur zu gut, was er meinte.

„Und ich dachte schon, dir wäre heute Nacht ein Herz gewachsen und du hättest um unseren verstorbenen Mitkandidaten getrauert", giftete Vanessa ihn an.

Als Frett nur genervt mit den Augen rollte, fügte sie hinzu: „Du weißt doch gar nicht, was Hunger bedeutet. Einen Tag mal nicht den Bauch vollschlagen, und schon leidest du Todesqualen. Ich habe Kinder in Äthiopien gesehen, die müssen mit unserer Tagesration zwei ganze Wochen auskommen!"

„Jetzt spiel dich mal nicht so auf, Misses Obergut! Nur weil du für ‚Hilfe mit Herz' arbeitest, macht dich das noch lange nicht zu einem besseren Menschen als uns." Sie wollte etwas entgegnen, schluckte es dann aber hinunter und stiefelte aus dem Gastraum.

„Was soll das, Frett?", fragte Kathy. „Wir sitzen hier fest und werden von einem Mörder belauert, hältst du es da wirklich für notwendig, dass wir uns auch noch gegenseitig die Hölle heiß machen?"

Frett hob beschwichtigend die Hände. „Alles, was ich sage, ist, dass jeder von uns offensichtlich bereit war, sich für zehn Millionen Euro hier einsperren zu lassen. Jeder von uns ist scharf auf die Kohle. Da ist sie keine Ausnahme."

„Mag sein, aber vielleicht braucht sie das Geld für einen besseren Zweck als eine neue Luxusvilla in Mexiko?" Sie blitzte ihn an.

„So? Für was brauchst DU es denn?", fragte er in herausforderndem Tonfall.

Kathy zögerte nur einen Wimpernschlag, bevor sie antwortete: „Mein Ex-Mann sitzt seit einem Unfall im Rollstuhl. Ein Professor in Barcelona entwickelt gerade völlig neuartige Cyber-Prothesen, die sich mit dem Hirn verbinden und steuern lassen. Ich werde die zehn Millionen benutzen, damit Josh wieder laufen kann."

„Wow! Das klingt ja absolut uneigennützig! Und das Ganze auch noch für deinen Ex-Mann! Schöne Geschichte. Hast du dir die extra für uns ausgedacht oder für die Zuschauer, die am Ende für dich abstimmen sollen?" Fretts Stimme tropfte vor Sarkasmus. „Eure Scheinheiligkeit nimmt euch doch keiner ab. Ich bin wenigstens ehrlich und zieh hier keine Show ab, so wie ihr", fügte er hinzu.

„Jetzt reicht es aber, Frett." Tommy stellte sich vor Kathy, und Frett schien sich schon darauf zu freuen, auch ihn gleich verbal attackieren zu können.

Da ertönte der Alarmton und brach die Spannung im Raum.

„Liebe Kandidaten, herzlich willkommen zu einem weiteren Tag im ‚Hotel Extreme'! Ihr wisst, dass das hier alles ein großes Spiel ist. Ein Spiel um zehn Millionen Euro. Und um das nächste Rätsel zu lösen, solltet ihr euch deshalb das Kartenspiel in der oberen Schublade des Schranks einmal genauer ansehen. Denn einer von euch hat Menschen mit Drogen getötet."

Die Stimme verstummte und ein Moment der Stille trat ein, bevor Löwmann aufstand und aus dem Schrank ein altes Skatblatt herauszog und die Karten auf dem Tisch ausbreitete.

AUF WEN WEIST DIESES RÄTSEL HIN?

1 Peter Frett **2** Mirko Walbecker **3** Vanessa Gori

1 **2** **3**

Tommy ließ den Zettel unbemerkt in seiner Hosentasche verschwinden und entschuldigte sich mit der Ausrede, dass er auf die Toilette müsse. „Einer spielt falsch", las Tommy wenig später in der kleinen Kabine mit dem gekachelten Boden, nachdem er die Buchstaben miteinander verbunden hatte.

Was genau hatte Löwmann beobachtet? Mindestens einer der Kandidaten war nicht der, der er oder sie vorgab zu sein. Tommy war froh, dass er sich entschieden hatte, seine geheimnisvollen Nachrichten für sich zu behalten.

Als er in den Gastraum zurückkam, war eine heftige Diskussion im Gange. „Wir sollten die Schneepause nutzen, um Hilfe zu holen", sagte Löwmann gerade. „Aber wir kommen doch nicht weit", hielt Frett dagegen. „Das ist ein Himmelfahrtskommando. Da draußen erfrieren wir, bevor wir irgendwo hinkommen, wo man uns helfen kann." Tommy hielt sich zurück. Er verstand, dass Löwmann nicht länger untätig herumsitzen wollte, aber so sehr es ihm auch widerstrebte, er musste Frett recht geben.

„Ist mir schon klar, warum du die Show auf keinen Fall unterbrechen willst", gab Löwmann zurück. „Dir reicht es nicht, andere auszusaugen und an den Rand des Ruins zu bringen, nur damit du noch reicher wirst. Du willst auch noch diese zehn Millionen haben."

Frett seufzte theatralisch. „Was willst du damit sagen, alter Mann?" „Ich weiß, wie du an deine Millionen gekommen bist. Du hast an gutgläubige Kunden unsichere Produkte verkauft, die dir aber mehr Provision einbrachten. Immobilien, die ein paar Jahre später nur noch einen Bruchteil wert waren, und Anteile an geschlossenen Fonds, die mittlerweile ebenfalls wertlos sind. So hast du die Leute ausgenommen und dich ohne Rücksicht auf Verluste bereichert."

„Ja, ja, ja!", rief Frett beschwichtigend. „Ich habe doch nicht wissen können, wie die Dinge sich entwickeln. Wenn man Geld anlegt, ist immer ein Risiko dabei. Da kann man nichts machen. Und jetzt verrate ich dir Neunmalklugem mal was." Er legte eine dramatische Pause ein und sah nach oben zu den unsichtbaren Kameras. „Ich bin selbst pleite. Rote Zahlen. Hab mich verzockt. Deswegen brauche ich das Geld. Ich stehe vor dem Nichts." Er versuchte, eine mitleiderregende Miene aufzusetzen, die Tommy ihm nur halb abnahm.

„Jemand wie du kommt immer an Geld", meinte Vanessa, „anders als Menschen wie Mirko." Sie legte dem schlanken Mann die Hand auf die Schulter, der wie immer nur stumm zugesehen hatte, während Frett offensichtlich um die Gunst der Zuschauer warb.

Tommy hatte keine Lust mehr auf das Theater. „Ich leg mich ein bisschen aufs Ohr", sagte er knapp und verließ den Gastraum. Er nahm sich vor, Löwmann in einem günstigen Moment allein abzupassen. Doch als er ihn später in seinem Zimmer aufsuchen wollte, fand er dieses verwaist vor. Tommy sah draußen nach, doch auch dort konnte er keine Spur von seinem Freund entdecken. Als Löwmann schließlich auch beim Abendessen nicht auftauchte, schrillten bei Tommy sämtliche Alarmglocken.

„Wisst ihr, wo Xaver ist?", fragte er die anderen, doch keiner hatte ihn gesehen. „Vielleicht hat der Sturkopf sich allein auf den Weg gemacht, um Hilfe zu holen", schlug Frett vor. Doch Tommy hatte einen völlig anderen Verdacht: Es konnte kein Zufall sein, dass Löwmann etwas beobachtet hatte und nur kurze Zeit später verschwunden war.

Ein zentnerschweres Gewicht legte sich auf seine Schultern und schien ihm die Luft zum Atmen zu nehmen. Als er sah, wie Frett sich in aller Ruhe einen Rotwein einschenkte, spürte er, wie Hitze in ihm aufstieg. „Verdammter Mist!", explodierte mit einem Mal seine angestaute Angst und Sorge. „Löwmann würde nicht einfach aufbrechen, ohne uns Bescheid zu sagen! Wir können doch nicht bloß hier rumsitzen, wir müssen ihm helfen!" Kathy setzte an, um ihn zu beruhigen, doch er wollte Frett nicht mehr sehen, keinen von ihnen. Und so stürmte er wütenden Schrittes hinaus zur Garderobe, um sich seinen Wintermantel anzuziehen. Wenn es hier drin keine Spur von dem Koch gab, würde er eben draußen nach Fußabdrücken suchen.

Doch in der Lobby erwartete ihn bereits Mirko Walbecker. In sich zusammengesunken saß er auf dem kleinen Stuhl hinter dem Tresen. „Geh nicht", sagte er knapp. „Das bringt nichts. Du kannst mir glauben, ich habe genügend Nächte im Freien verbracht. Da draußen holst du dir den Tod." Er schwieg einen kurzen Moment, wie um weitere Worte zu sammeln, bevor er hinzufügte: „Außerdem sitze ich schon den ganzen Nachmittag hier. Ich hätte gesehen, wenn er rausgegangen wäre."

Tommy drehte sich wortlos um und flüchtete sich in sein Zimmer.

Doch statt Ruhe zum Nachdenken fand er auf seinem Nachttisch einen unbeschrifteten Briefumschlag mit einem kleinen Zettel darin, der nur drei Worte enthielt. Oder versteckte sich da vielleicht noch mehr?

WO SCHICKT IHN DIE NACHRICHT HIN?

 Nach unten   Nach oben   Nach draußen

KEIN SCHNELLER TOD

„Die richtigen Verbindungen ... was damit wohl gemeint ist ...", überlegte Kathy. „Also zumindest habe ich eine Ahnung, welche Verbindungen uns den Code verraten", murmelte Tommy. „Wenn ich die orangen Punkte verbinde, entsteht ein Quadrat, bei den grünen ein Dreieck und bei den blauen ein Trapez. Und in dem Bereich, in dem sich alle drei Formen überschneiden, stehen genau drei Zahlen: 182."

Tommy gab den Code auf dem Tastenfeld ein. Und tatsächlich, das Schloss ließ sich öffnen.

Im Inneren des Kellers wurde der starke Modergeruch fast unerträglich. Tiefe Risse klafften in den Mauern und feuchte Schimmelflecken breiteten sich wie ein hässlicher Ausschlag an den Wänden aus.

„Und jetzt?", flüsterte Kathy. „Keine Ahnung", gab Tommy zu.

„Pssst! Sei mal leise!", zischte Kathy und stieß ihm sanft in die Rippen. Jetzt hörte er es auch: ein dumpfes Poltern. Er hielt den Atem an. „Das kam von oben!", wisperte Kathy. „Vielleicht hat jemand unseren nächtlichen Ausflug bemerkt." Sie warteten noch eine gute Minute, doch es war nichts mehr zu hören, und so schlichen sie vorsichtig weiter.

Sie erreichten eine Tür, an der ein Zahlenschloss hing. Tommy erinnerte sich, dass er noch die Kombination aus dem Spa-Bereich hatte: 476. Tatsächlich funktionierte sie. Als Tommy die Tür öffnete, hatte er Mühe, sich nicht zu übergeben. Der Gestank, der ihm entgegenschlug, war fremd und bekannt zugleich. An den Wänden befanden sich verrostete Regale mit Dosen darauf. „Der Lagerraum", stellte Tommy fest, „aber ich glaube, das Zeug hier sollten wir lieber nicht mehr essen." In einer Ecke lag ein seltsamer Haufen, der die Ursache des Geruchs zu sein schien. Als Tommy näher herantrat, konnte er die verwesten Überreste einer Katze erkennen. Das arme Tier war vermutlich auf der Suche nach Mäusen oder Futter hier eingesperrt worden. Da fiel Tommys Blick auf ein kleines Schlüsselbrett neben dem Eingang. Keiner der Schlüssel trug eine Beschriftung und so waren sie nutzlos. Nachdem sie den Raum ausgiebig, aber erfolglos untersucht hatten, beschlossen sie, den Rest des Kellers zu erkunden.

Der Gang endete an einer weiteren Tür, die sich zu Tommys Überraschung problemlos öffnen ließ.

Dahinter versteckte sich offenbar ein älterer Teil des Kellers, denn die Mauern hier bestanden noch aus einzelnen Backsteinen und die Decke hing drohend nur wenige Zentimeter über seinem Kopf. Zwei Türen führten von dem Vorraum ab. Die erste, die sie ausprobierten, war jedoch verschlossen. Aber die zweite öffnete ihnen den Zugang zu einem kleinen Raum, in dem verschiedene Gerätschaften standen, mit denen Tommy auf den ersten Blick nichts anfangen konnte. Ein großer, kupferfarbener Kessel, Messgeräte und verschiedene Rohre, die davon abgingen. Bei genauerem Hinschauen konnte er außerdem an der Wand Buchstaben entdecken.

Sie schienen wirr und ohne jeden Zusammenhang, als ob ein irrer Geist sie an die Mauern geschmiert hätte, um ihn zu verhöhnen.

„Da schau sich doch mal einer an, was der frühere Hotelbesitzer hier für seine noblen Kunden hergestellt hat", sagte Kathy und nahm eine schmale Flasche mit klarer Flüssigkeit von einem Regal. „Scheint eine kleine Schnapsbrennerei hier betrieben zu haben. Ich glaube, ich laufe lieber noch mal schnell zu dem Lagerraum und besorg uns die Schlüssel von dem Brettchen. Vielleicht haben wir Glück und einer passt bei der zweiten Tür. Du kannst ja in der

Zwischenzeit versuchen, aus dem Buchstabensalat etwas herauszulesen. Aber komm nicht auf die Idee, den Inhalt der Flasche zu probieren." Sie zwinkerte ihm zu und war schon aus der Tür. Tommy ließ den Blick über die Kritzeleien gleiten. Er versuchte, Worte zu bilden, doch am Ende erschien ihm das willkürlich, da er kein echtes Muster erkennen konnte. Nach fünf Minuten gab er entnervt auf. Richtig wohl fühlte er sich in der kleinen Kammer nicht, und so verließ er den Raum, um Kathy entgegenzugehen.

Doch alles, was ihn hinter der Tür zum vorderen Teil des Kellers erwartete, war ein leerer Gang.

„Kathy?", rief er leise in die Stille hinein. Er ging zu dem Lagerkeller, den sie gefunden hatten. Die Schlüssel hingen alle noch da, doch von Kathy fehlte jede Spur. Mit seiner Kerze in der Hand leuchtete er den Raum ab – und erstarrte plötzlich. Auf dem gefliesten Boden sah er ein paar dunkelrote Spritzer, die ganz sicher vorher noch nicht dort gewesen waren.

Sein Herzschlag beschleunigte sich und er fühlte, wie ihn erneut Panik zu übermannen drohte. Da fiel sein Blick auf einen Zettel, der direkt neben den Flecken auf dem Boden lag. Die Botschaft schien ihn still anzuschreien: „Wenn du deine Freundin wiedersehen willst, behalte das hier für dich. Komm morgen zur richtigen Zeit an den toten Baum. Oder willst du, dass wieder jemand wegen dir stirbt?" Darunter ein paar seltsame Zahlen, Buchstaben und eine Uhr.

Ein dumpfes Pochen machte sich zwischen seinen Schläfen breit. Gedanken an früher drängten sich durch die dicke Schicht, hinter der er sie jahrelang in seinem Kopf eingemauert hatte. Er presste die Fäuste in die Augenhöhlen und begann zu zählen. „Einatmen … eins, ausatmen … zwei, einatmen … drei …" Es dauerte zehn Minuten,

bis er sich wieder so weit im Griff hatte, dass er sich den Zettel noch einmal in Ruhe anschauen konnte.

WANN SOLL TOMMY ZUM TOTEN BAUM KOMMEN?

1 20 Uhr   **2** 6 Uhr   **3** 2 Uhr

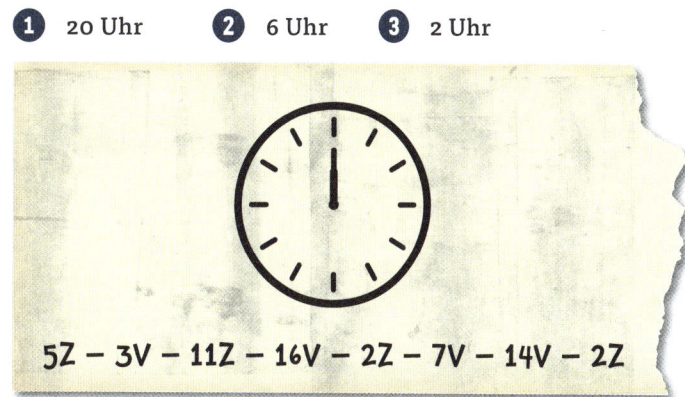

5Z – 3V – 11Z – 16V – 2Z – 7V – 14V – 2Z

1   **2**   **3**

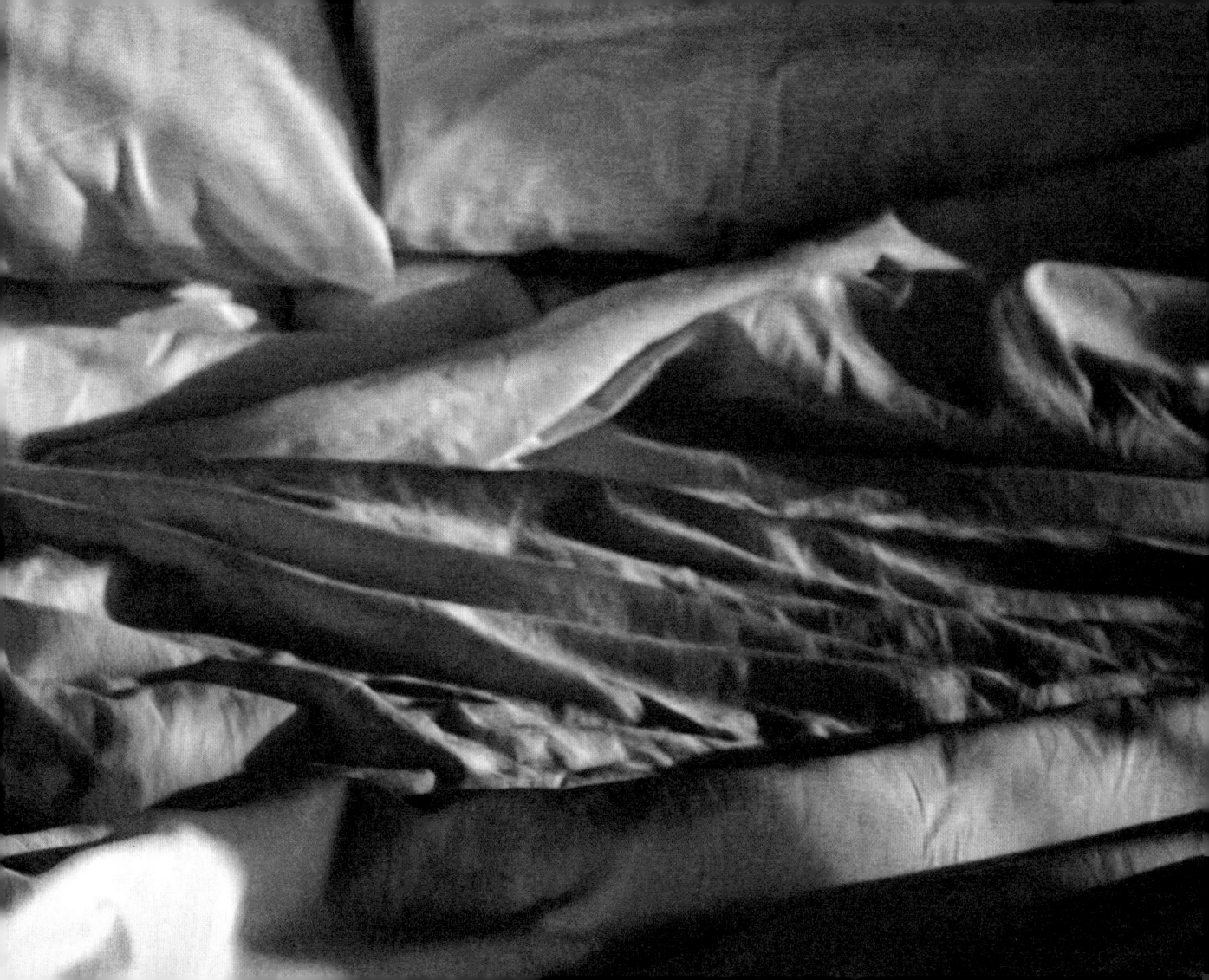

Alle blickten wie hypnotisiert auf die Karten, nur in Vanessas Gesicht erkannte Tommy mehr als Neugier. Sie biss sich auf die Lippen und spielte nervös an ihren Fingernägeln herum.

Deshalb wunderte es ihn nicht, als Mirko leise sagte. „Die Herzdame. Sie ist nicht richtig gespiegelt." „Also unsere Dame mit Herz", schlussfolgerte Frett. „Oder sollte ich besser sagen: Unsere Dame von ‚Hilfe mit Herz'?"

Vanessa stand wortlos auf und verließ den Gastraum, ohne den anderen ins Gesicht zu blicken. Kathy folgte ihr.

„Unser Blondie hat also jemanden auf dem Gewissen", stellte Frett befriedigt fest. „Seht ihr? Und das, obwohl sie so unschuldig aussieht mit ihren blauen Kulleraugen." „Wir wissen nicht, was sie genau gemacht hat", unterbrach ihn Löwmann. „Genau!", bestätigte Frett. „Vielleicht ist sie eine Serienkillerin und hat auch Rowitsch auf dem Gewissen."

Tommy hatte keine Lust, sich mit dem Geschäftsmann auseinanderzusetzen, er wollte Zeit für sich. Ständig mit Menschen konfrontiert zu sein war schon anstrengend genug. Wenn er sich mit einem Idioten wie Frett unterhalten musste, wurde es beinahe unerträglich. Er beschloss, in die Küche zu gehen und den Abwasch zu machen. Während er das warme Wasser ins Spülbecken laufen ließ, beobachtete er die unzähligen Schneeflocken, die vor dem Fenster wild durcheinanderwirbelten.

Da betrat Löwmann die Küche und nahm sich ein Geschirrtuch vom Haken. „Hilfe beim Abtrocknen gefällig?", fragte er. Tommy nickte. Ein paar Minuten lang spülten die beiden wortlos das Geschirr ab, und Tommy stellte überrascht fest, dass er tatsächlich froh war, dass der Koch ihm Gesellschaft leistete. In der kurzen Zeit

hatte er diesen Menschen besser kennengelernt als viele seiner langjährigen Bekannten oder sogenannten Freunde. „War ein blödes Gefühl, als der Brief deine Vergangenheit vor allen preisgegeben hat, oder?", fragte er vorsichtig. „Ich glaube, ich möchte lieber selbst den Zeitpunkt bestimmen, an dem mein Geheimnis in die Öffentlichkeit gezerrt wird." Tommy lehnte sich an das Spülbecken und traf eine spontane Entscheidung. „Ich hatte einen Freund, Stefan hieß er. Er war ein totaler Computerfreak, noch viel mehr als ich. Wir haben uns bei einem Online-Rollenspiel kennengelernt. Wir haben mindestens einmal in der Woche miteinander online gezockt. Er wurde mein bester Kumpel. Eines Tages vertraute er mir an, dass er ein Vermögen mit Cryptowährungen gemacht hatte. Ich hatte selbst mal 500 Euro in Bitcoins investiert, aber er sprach von einer völlig neuen Währung, die innerhalb kürzester Zeit ihren Wert verdoppeln würde. Stefan war kein Geschäftsmann oder so, er arbeitete als Ingenieur für ein großes Technikunternehmen. Wenn er etwas recherchierte, hatte das Hand und Fuß. Also bat ich ihn, auch für mich in Cryptowährung zu investieren."

„Ich ahne, was kommt", sagte Löwmann und blickte Tommy an, um ihn dazu zu ermutigen, weiterzuerzählen. „Na ja, zuerst lief es super! Tatsächlich hatte er mein Geld innerhalb von zwei Wochen verdreifacht. Doch er erklärte mir, dass die Zeit drängte. Nur zu Beginn einer neuen Währung ließen sich solche hohen Gewinnspannen erzielen. Also habe ich meine Eltern dazu überredet, Haus zu beleihen und mir ihr komplettes Erspartes zur Verfügung zu stellen. Sie schlugen sich schon länger mit ihrer kargen Rente herum, und seit mein Vater in ein teures Pflegeheim musste, war das Geld für meine Mutter richtig knapp geworden. Und dann, nur einen Monat später, ist der Kurs total abgestürzt. Von einem auf den anderen Tag. Das ganze Geld war plötzlich weg. Und meine Eltern und ich standen vor dem Nichts. Stefan erklärte mir, dass das kein Problem sei, er bräuchte nur noch einmal einen hohen fünfstelligen

Betrag und dann könnte er das Geld zurückholen. Ich war blank und meine Ex-Frau Marlene würde ihr Geld nie in so etwas Abstraktes wie eine Cryptowährung investieren. Also habe ich sie angelogen. Ich habe behauptet, dass ich das Geld für die Gründung einer Firma bräuchte, und habe mir von ihr die Summe besorgt.

Nach nicht einmal zwei Wochen war nicht nur auch dieses Geld weg, sondern auch mein Kumpel Stefan. Und das Schlimmste ist, dass ich es Marlene noch nicht einmal erzählt habe. Deswegen war diese Show für mich der Rettungsanker. Ich dachte, mit den zehn Millionen könnte ich alles wieder ungeschehen machen. Doch jetzt ist mir klar geworden, dass Marlene im Fernsehen sowieso von meinem Geheimnis erfahren wird. Raki hat sehr ordentlich in unserer Schmutzwäsche gewühlt. Er hätte mich gar nicht als Kandidat angenommen, wenn er nicht irgendwie von der ganzen Geschichte gewusst hätte."

Tommy seufzte. Er war erleichtert, dass er sein Geständnis hinter sich gebracht hatte, auch wenn er immer wieder an Marlene und seine Tochter denken musste. Trotzdem, als er sich eine Stunde später auf seinem Bett ausstreckte, um sich auszuruhen, fühlte er sich so befreit wie schon seit Wochen nicht mehr. Doch da entdeckte er unter seiner Bettdecke eine neue anonyme Nachricht.

ES BEGINNT MIT EINEM OPFER...

WOHIN FÜHRT TOMMY DIE NACHRICHT?

1 In den Wellnessbereich   **2** In den Keller

3 In die Küche

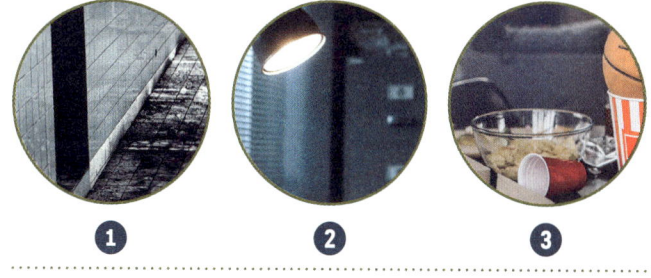

Auf der schwarzen Jacke hatte Tommy verschwommen die Aufschrift „Raki Productions" entdeckt, das Logo der Filmfirma. Bedeutete das etwa, dass Rowitsch für Raki arbeitete?

„Was machst du hier?", stöhnte Tommy, während Rowitsch einen Hammer aus seiner Tasche zog und begann, auf den Motor der Liftanlage einzuschlagen. Ein großes Stück des rostigen Metalls brach mit einem Ächzen ab und landete im Schnee. Damit waren Tommys Handschellen frei und Rowitsch half ihm auf die Beine.

„Da sind wir ja gerade noch rechtzeitig gekommen! Ich bin froh, dass du noch lebst!", sagte Rowitsch und Tommy sah, dass nun auch Frett, Vanessa und Mirko aus dem Schnee auftauchten und auf ihn zuliefen. „Dasselbe wollte ich gerade zu dir sagen", meinte Tommy. „War das alles etwa nur Show für die Kameras?" „Rowitsch schüttelte den Kopf. „Mein Tod schon, aber das hier", er deutete auf die Handschellen, „damit haben wir nichts zu tun."

Rowitsch untersuchte Tommys Bein. „Zum Glück nur eine Fleischwunde, da hast du Glück gehabt. Jetzt müssen wir dich erst mal wieder warm bekommen." Er half Tommy in eine trockene Skihose, die er aus einem Rucksack zauberte, genau wie eine Thermoskanne mit heißem Tee. „Aber du warst doch tot, ich habe es mit eigenen Augen gesehen und nach deinem Puls gesucht!", protestierte Tommy schwach, während die Wärme des Getränks durch seinen Körper floss. „Ein bisschen Kunstblut und ein Mittel, das den Herzschlag kurzzeitig stark verlangsamt. Kein Hexenwerk. Als ihr wieder im Hotel wart, habe ich mich zu einem kleinen, versteckten Bunker geschleppt, den Raki extra dafür ganz in der Nähe im Wald bauen ließ. Dort hatte ich nicht nur jede Menge Vorräte, ich konnte euch auch die ganze Zeit über beobachten und hätte bei einer technischen Panne eingreifen können. Raki wollte da auf Nummer sicher gehen, falls der Schnee dem Rest des Teams den Zugang verwehren würde.

„Ein kluger Schachzug. Aber warum?", wollte Tommy wissen. „Um die Spannung zu erhöhen, natürlich", erklärte Rowitsch, der vermutlich gar nicht Rowitsch hieß und auch keine Outdoor Company betrieb.

„Raki wollte sehen, wer bereit ist, für zehn Millionen Euro sein Leben zu riskieren. Und wie ihr reagieren würdet, wenn möglicherweise einer unter euch ein Mörder ist."

Der Mörder. Tommy schoss ein Gedanke durch den Kopf. Auch wenn Rowitsch seinen Tod nur vorgespielt hatte, gab es doch einen richtigen Mörder, und der hatte Kathy noch immer in der Gewalt. Falls der Täter, wie Tommy vermutete, alles von der Hütte am oberen Ende der Skipiste beobachtet hatte, wusste er, dass sein Plan nicht aufgegangen war. Dass Tommy überlebt hatte. Würde er seine Drohung jetzt wahrmachen und sich dafür an Kathy rächen? Oder war sie schon längst tot?

„Die Hütte!", rief er Rowitsch zu und humpelte bereits los. „Wir müssen zu der Hütte!" Tommy war überrascht, dass er überhaupt noch laufen konnte, doch das Adrenalin schien seine letzten Reserven zu mobilisieren. Er kämpfte sich mühsam den Berg hinauf, begleitet von Rowitsch, Frett, Vanessa und Mirko. „Was willst du denn da oben?", rief Frett von hinten.

„Der Killer hat Kathy in seiner Gewalt und vermutlich auch Löwmann!", erklärte Tommy. „Was?" Rowitsch schien überrascht. „Ich dachte, die wären einfach nur ausgestiegen. Hätten sich auf den Weg zum Gasserhof gemacht, einen Kilometer unterhalb von eurer Unterkunft."

„Gasserhof?", fragte Tommy verwirrt. „Ja, das haben wir extra noch kurzfristig organisiert, als sich das Wetter verschlechtert hat", erklärte Rowitsch.

„Wir hatten Mirko die Info mitgegeben, dass ihr euch bei Problemen jederzeit an den Gasserhof wenden könnt, weil der vom Hotel aus gut zu erreichen ist. Hat er euch nichts davon erzählt?"

Tommy sah zu Mirko, der mittlerweile zu ihnen aufgeschlossen hatte. Tommy glaubte schon, dass er wie so oft schweigen würde, doch dann sagte Mirko: „Ich habe einfach gehofft, dass es Frett doch noch erwischen könnte. Er sollte sich nicht so einfach verdrücken. Mein Leben ist sowieso vorbei, ich hatte also nichts zu verlieren." Tommy schüttelte nur ungläubig den Kopf, er hatte jetzt keine Zeit, sich mit Mirko auseinanderzusetzen.

Mit ein paar letzten Schritten erreichte er keuchend die Hütte und riss die Tür auf. Auf dem Boden saß Kathy in ihrer grünen Jacke. Sie hielt ihr Gesicht in den Händen. In der Hütte musste ein Kampf stattgefunden haben, denn ein Stuhl und ein Tisch waren umgeworfen worden und auf dem Boden lagen eine Flasche, Papiere und Kathys Geldbeutel samt Inhalt verstreut herum. „Er ... er ist abgehauen, als er euch kommen sah", schluchzte Kathy. Während er ihr aufhalf, fielen die Puzzleteile in seinem Kopf plötzlich an ihren Platz.

WAS HAT TOMMY ERKANNT?

1 Dass Raki hinter allem steckt

2 Dass Kathy ihn belogen hat

3 Dass der Täter hinter der Tür lauert

1 **2** **3**

Robert Raki verließ die Lobby, während sich die Kandidaten um das Gästebuch und den Tresen versammelten. Tommy blieb mit einigen Zentimetern Abstand hinter Kathy Miller stehen und versuchte, über ihre Schulter hinweg ebenfalls etwas von den Einträgen zu erspähen.

Da stieß Peter Frett bereits triumphierend hervor: „Ich hab's! Sind euch auch die Anfangsbuchstaben der Vornamen aufgefallen? Die Namen sind nicht ausgeschrieben, das könnte etwas zu bedeuten haben." Vanessa Gori glitt mit dem manikürten Zeigefinger über die Zahlen. „Ich versuche die Einträge mal nach der Aufenthaltsdauer zu sortieren ... Dann würde als erstes das E kommen, danach das R und dann das S", stellte sie nüchtern fest. Mit dieser Vorgehensweise ergab sich ERSTERSTOCK.

Noch bevor Frett oder die anderen sich auf die Suche nach einer Treppe machen konnten, trat Robert Raki wieder zu ihnen, wie ein Zauberkünstler, der aus einer magischen Kiste geschlüpft war.

Er sah in seinem Kaschmirpullover über dem Hemd immer noch sehr attraktiv aus für seine 55 Jahre. Und Tommy wusste, dass Raki nicht nur vor der Kamera eine gute Figur machte. Ihm gehörte eine der erfolgreichsten Produktionsfirmen, die schon häufiger mit innovativen, aber auch umstrittenen Show-Konzepten von sich reden gemacht hatte. Auch Rakis Vergangenheit war ein beliebtes Thema für sämtliche Boulevardblätter, die gerne die Geschichte des reichen Waisenjungen erzählten. Rakis überaus wohlhabende Eltern waren bei einem Raubüberfall in ihrem Haus ermordet worden. Der Täter war bis heute nicht geschnappt worden. Raki war damals gerade mal zwölf Jahre alt gewesen. Von dem Erbe hatte er als Erwachsener eine Fernsehproduktionsfirma gegründet und diese schnell groß gemacht. Hinzu kamen weitere Start-ups, an denen er beteiligt war. Mittlerweile wurde er selbst zu einem der reichsten Männer des Landes gezählt.

„Moment, liebe Freunde!", gebot der Produzent und Moderator ihnen lächelnd Einhalt. „Ist euch noch gar nicht aufgefallen, dass noch jemand fehlt?" Tommy blickte sich um, tatsächlich waren sie nur zu sechst, obwohl in den vorherigen Besprechungen immer von sieben Kandidaten die Rede gewesen war.

„Ein Teilnehmer ist leider ganz kurzfristig ausgefallen. Er hat eine schlimme Lebensmittelvergiftung erlitten und kämpft gerade im Krankenhaus darum, seinen Mageninhalt bei sich zu behalten."

„Perfekt, ein Konkurrent weniger!", freute sich Frett. Tommy musste unwillkürlich an den Drohbrief denken, den er vor zwei Tagen erhalten hatte.

„Leider nein", sagte Raki, charmant wie immer. „Der Nachrückkandidat wird in Kürze zu euch stoßen. Sein Name ist Mirko Walbecker. Ich hoffe, Sie nehmen ihn wärmstens auf, Herr Frett?"

Tommy sah, dass Löwmann grinsen musste, als Frett genervt mit den Augen rollte.

Raki drehte sich ein letztes Mal zur Gruppe um, und die Deckenlampe warf einen dunklen Schatten auf seine Miene. „Ich verlasse euch jetzt. Wir sehen uns in 24 Tagen. Denkt immer daran: Nichts ist umsonst! Wie weit werdet ihr gehen für zehn Millionen Euro?"

Raki und der Rest des Filmteams verließen das Hotel, doch die letzten Worte des Moderators blieben noch lange in der Luft hängen. „Jetzt lasst uns mal in den ersten Stock gehen!
Das Abenteuer wartet schon!", schlug Rowitsch aufmunternd vor, und Tommy staunte über die Fähigkeit des Unternehmers, bei jeder Gelegenheit Werbung für sein Business zu machen.

Neben dem Eingangsbereich kamen sie direkt in den großen Gastraum mit vielen hölzernen Tischen, Stühlen und Sitzbänken und einer großen Kuckucksuhr an der Wand. Am hinteren Ende führte eine Treppe zu den früheren Gästezimmern im ersten Stock empor. Dort sah es nicht mehr so gemütlich aus wie in den unteren Räumen. Einige der Deckenlampen hatten Risse im Glas, an den Wänden löste sich bereits die dunkelrote Velourstapete, und der beige Teppichboden zeigte abgewetzte Stellen. Trotzdem gab es in dem alten Gebäude jede Menge High Tech, wie Tommy auffiel. Alle Türen auf dem Gang waren mit elektrischen Schlössern gesichert, die vermutlich extra für die Show angebracht worden waren.

„Schaut mal!", rief Kathy Miller, die hübsche Moderatorin, aufgeregt und bückte sich.

Sie hob einen großen, orangen Umschlag auf und öffnete ihn. Dabei rutschten die Ärmel ihres Pullovers nach oben und Tommy bemerkte auf ihren schlanken Unterarmen eine längliche Narbe. Als sie seinen Blick auffing, schob sie den Ärmel rasch wieder nach unten, bevor sie sagte: „Hier sind offensichtlich eine Art Raster und einige Zahlen drin, aber was sollen wir damit machen?"

„Vielleicht können wir mit ihrer Hilfe diese Tür öffnen?", schlug Löwmann vor. „Immerhin steht statt der Zimmernummer das heutige Datum darauf. Allerdings auf dem Kopf ... Sehr seltsam!"

1/1 1/2 1/3 1/5 1/6 1/7 1/9 1/10 1/11 2/1
2/5 2/7 2/9 2/11 3/1 3/2 3/3 3/5 3/7 3/9
3/10 3/11 4/1 4/3 4/5 4/7 4/9 4/11
5/1 5/2 5/3 5/5 5/6 5/7 5/9 5/10 5/11

WELCHEN CODE MÜSSEN TOMMY UND DIE ANDEREN EINGEBEN, UM DIE TÜR ZU ÖFFNEN?

1 809 **2** 408 **3** 607

Unauffällig legte er den Zettel in ein Buch und tat dann so, als ob er darin lesen würde. Endlich mal was mit Bildern, dachte Tommy und hatte die Lösung schnell heraus. Die Zahlen bestimmten immer die Position des Buchstabens, den er sich aus dem jeweiligen Wort fischen musste. Das bedeutete, der zweite Buchstabe bei OPFER war das P, dann das O aus PISTOLE, noch ein O aus MOTORSÄGE und L aus BLUT, also POOL.

Tommy schauderte es bei dem Gedanken, in das Untergeschoss des baufälligen Gebäudes klettern zu müssen. Er hatte bereits die Hinweisschilder an der Wand gesehen, auf denen in goldenen Lettern „Wellnessbereich" und ein Pfeil nach unten angeschlagen waren.

Er beschloss, wieder auf die Nacht zu warten, damit er unbemerkt dem Hinweis folgen konnte.

Auch diesmal hatte sich oben im ersten Stock eine weitere Tür elektronisch geöffnet, nachdem sie das Rätsel mit der Herzdame gelöst hatten. Löwmann verwandelte in der Küche ihren Gewinn in ein Abendessen.

Tommy und Mirko deckten gerade gemeinsam den Tisch, als Kathy und Vanessa den Gastraum betraten.

Vanessa blieb im Türrahmen stehen, drückte den Rücken durch, streckte das Kinn nach vorne und sagte: „Okay, damit wir alle in Ruhe zusammen essen können, hier kurz und knapp die Wahrheit."

„Mein Vater war ein mächtiger Mafiaboss. Ja, ich weiß, klingt wie in ‚Der Pate', ist aber so. Ich bin also in einer Verbrecherfamilie aufgewachsen. Am Anfang habe ich natürlich gar nicht verstanden, womit mein Vater sein Geld verdiente, aber später konnte ich mir so meinen Teil denken. Ich habe das immer verabscheut, ich wollte mir ein eigenes Leben aufbauen. Deswegen habe ich Sozialpädagogik studiert und mich früh für sozial Schwache eingesetzt. So kam ich schließlich auch zu ‚Hilfe mit Herz'. Wir kümmern uns um Kinder und Jugendliche, sowohl in armen Ländern als auch in sozialen Brennpunkten. Mein aktuelles Projekt ist der Bau einer Einrichtung für betreutes Wohnen. Nur so wird es für einige Jugendliche möglich, häuslicher Gewalt oder sexuellen Übergriffen im eigenen Zuhause zu entkommen. Allerdings haben wir über Spenden nur 2,5 Millionen Euro eingenommen, wir bräuchten aber vier Millionen, um die Einrichtung finanzieren zu können. Ich wusste, wenn ich das Geld nicht irgendwie beschaffen konnte, würden Kinder darunter leiden. Also habe ich Kontakt zu Emilio, einem alten Bekannten meines Vaters aufgenommen. Er sollte das Geld mit seinen Geschäften vermehren." Vanessa strich sich eine blonde Strähne hinters Ohr.

„Es war mir natürlich klar, dass eine Investition bei einem Drogenbaron keine perfekte Lösung war, aber wenn ich eins in meiner Kindheit gelernt hatte, dann war es, dass es immer Leute geben würde, die Drogen verkauften. Wenn es nicht Emilio gewesen wäre, dann jemand anders. Und so würde der Gewinn aus den bösen Machenschaften wenigstens einem guten Zweck zugutekommen. Aber irgendjemand hat gesungen. Die Polizei hat Emilio festgenommen, die Drogen konfisziert und die Spendengelder für die Einrichtung waren futsch. Ich hatte alles ruiniert. Die Hilfe für die Kids, aber auch mein eigenes Leben – und meine Ideale."

„Und da kam *Hotel Extreme* ins Spiel", stellte Frett fest. Vanessa nickte beschämt. „Auch wenn ich vielleicht ins Gefängnis muss, zumindest die Einrichtung könnte so gerettet werden."

Kathy drückte Vanessa aufmunternd die Hand. „Genug geredet. Was gibt's zu essen?"

In der Nacht wartete Tommy wieder, bis im Haus Ruhe eingekehrt war und alle Kandidaten schliefen, ehe er sich mit Kerze und Messer bewaffnet über den Flur schlich.

Er stieg die Treppe zum Spa-Bereich hinunter und war überrascht, dass er noch immer einen leichten Chlorgeruch wahrnehmen konnte. Hinter der Tür empfing ihn ein großes, leeres Becken, wie ein riesiges Maul. Direkt daneben ein Ruhebereich, in dem bereits einige der Kacheln von der Mauer gefallen waren.

Der Schein der Kerze flackerte unruhig über die kahlen Wände und ließ die Schatten tanzen. Undeutlich konnte Tommy Buchstaben auf den Fliesen wahrnehmen, die ihm etwas sagen wollten.

Plötzlich ein Geräusch in der Schwärze. War das die Tür am Eingang gewesen? Schnell blies er die Kerze aus und kauerte sich im Dunkeln hinter eine Säule.

Ein schwarzer Schatten mit einer Taschenlampe betrat den Raum. Hinter dem grellen Lichtkegel verschmolz der Schatten mit der Schwärze, und Tommy war es unmöglich zu erkennen, um wen es sich handelte. Die Gestalt huschte um das Becken herum und kam seinem Versteck immer näher. Plötzlich leuchtete ihm ein Lichtstrahl direkt ins Gesicht und eine bekannte Stimme flüsterte: „Tommy! Was machst du denn hier mitten in der Nacht?"

„Kathy!", stieß er erleichtert aus. „Ich glaube, ich versuche ein Rätsel zu lösen", sagte er, als ihre Taschenlampe die Buchstaben an der Wand streifte.

WELCHE ZAHL VERSTECKT SICH IN DER NACHRICHT?

1 476 **2** 236 **3** 572

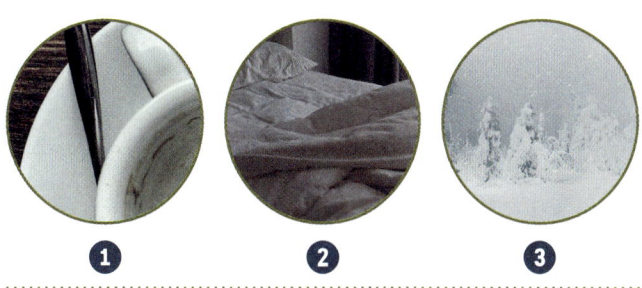

Tommy zählte alle Dreiecke von klein zu groß durch und vergaß dabei auch nicht die Dreiecke, die sich aus verschiedenen Teilflächen bildeten. Schließlich drückte er insgesamt 18-mal auf den Klingelknopf und wartete zwei Sekunden, bevor das Schloss mit einem Klicken aufsprang.

Als er durch die Tür schritt, empfingen ihn die Wärme und der angenehme Geruch eines Kaminfeuers. Er schien einer der Letzten zu sein, den das Filmteam im Lift hochgeschickt hatte, denn in dem Eingangsbereich, der mit einigen Hirschgeweihen dekoriert war, standen schon fünf weitere Menschen, die sich bei seiner Ankunft neugierig nach ihm umsahen. Tommy murmelte eine Begrüßung und wich der plötzlichen Aufmerksamkeit aus, indem er sich schnell in eine Ecke des Raums zurückzog und seine Tasche auf eine hölzerne Ecksitzbank fallen ließ.

„Hallo, da ist ja schon der nächste Neuankömmling!", rief ihm ein Mann mit blonder Surferfrisur und strahlendem Lächeln zu. Er sah unverschämt gut aus und lehnte lässig an der Holztheke, die früher einmal die Rezeption beheimatet haben musste.

„Ich bin Sebastian Rowitsch, erfolgreicher Unternehmer und Besitzer von Rowitsch Adventures. Hast du vielleicht schon mal gehört? Wir bieten jede Form von Outdoor-Adventure an. Du willst ein Abenteuer? Dann willst du Rowitsch Adventures!" Tommy sah den sportlich gebauten Kerl kurz an, überrollt von der unerwarteten Werbepräsentation. „Thomas Freimann, aber sag einfach Tommy", gab er zurück und schüttelte Sebastian Rowitsch ungelenk die Hand.

Ein kräftiger Mann um die 60, mit großer Nase und wenigen Haaren auf dem Kopf, kam auf ihn zu und nickte freundlich, als er sagte: „Xaver Löwmann, Koch und Genussmensch." Tommy sah, dass Löwmann eine bayerische Trachtenweste trug, auf der ein goldener Löwenkopf eingestickt war. Er kannte diesen Mann aus dem Fernsehen. Löwmann war Sternekoch, hatte eine eigene Marke für Gourmet-Lebensmittelprodukte mit dem Namen „Der Löwe" und trat ab und zu in Kochsendungen auf. „Und das hier ist die bezaubernde Kathy Miller, sie arbeitet als Moderatorin für einen TV-Sender in den USA", stellte er die Frau neben sich vor. Sie hatte schulterlange, kastanienbraune Haare, einen frechen Pony und ein offenes Lächeln, das Tommy auf Anhieb sympathisch fand.

Die zweite Frau, die mit von der Partie war, hatte lange, hellblonde Haare, ein ebenmäßiges Gesicht und strahlte die kühle Schönheit einer nordischen Göttin aus. Sie stellte sich als Vanessa Gori vor und arbeitete für die Wohltätigkeitsorganisation „Hilfe mit Herz". Und dann gab es da noch Peter Frett, den Tommy insgeheim schon mal in seiner „Menschen-mit-denen-ich-nichts-zu tun-haben-will-Schublade" ablegte. Der 1,90 Meter große Mann mit schwarzer Haartolle und dicker Rolex am Handgelenk hatte mit irgendwelchen Investmentgeschäften mehrere Millionen verdient, und Tommy fragte sich, warum so jemand überhaupt bei dieser Show mitmachte, wo andere das Geld viel dringender benötigten.

In diesem Moment betrat Robert Raki aus einer Seitentür die Empfangslobby. Der grauhaarige Moderator und Produzent der Show schenkte ihnen sein strahlendstes Lächeln, und Tommy wurde schlagartig daran erinnert, dass jeder Moment von unzähligen Kameras aufgezeichnet wurde.

„Willkommen bei *Hotel Extreme*!", sagte Raki, genauso zu den Kandidaten wie zu den Zuschauern.

„Ihr werdet die nächsten 24 Tage bis Weihnachten zusammen verbringen. Und auch, wenn das hier früher mal ein Luxushotel gewesen sein mag, werdet ihr es alles andere als gemütlich haben.

Ihr seid völlig auf euch allein gestellt. Ihr könnt keinen Kontakt zu uns oder anderen aufnehmen. Essen bekommt ihr nur, wenn ihr entsprechende Rätsel löst. Kochen müsst ihr selbst, in der alten Gasthausküche. Tagsüber könnt ihr euch im großen Gastraum aufhalten. Geschlafen wird in den früheren Unterkünften der Bediensteten. In diesen Bereichen und im ersten Stock sind überall Kameras installiert, die mit Bewegungssensoren arbeiten. Ihr werdet also ständig unter Beobachtung sein, außer in der Dunkelheit. Der restliche Bereich des Hotels ist euch untersagt, er ist baufällig, und es wäre lebensgefährlich, sich dort aufzuhalten.

Am Ende entscheiden die Zuschauer, wer von euch den Gewinn am meisten verdient hat. Der Sieger erhält unglaubliche zehn Millionen Euro! Also, zeigt uns euer wahres Ich! Wir wollen wissen, wer ihr hinter den Masken seid! Und zuletzt: Ihr könnt jederzeit aussteigen, aber dann verliert ihr natürlich auch die Chance auf die zehn Millionen." Er blickte mit einem Haifischlächeln in die Runde.

„Und jetzt viel Spaß bei *Hotel Extreme!* Das erste Rätsel verrät euch, wo ihr euer Abendessen finden könnt! Und denkt daran: Manchmal verleiht verstrichene Zeit den Dingen eine neue Bedeutung!" Mit diesen Worten zog er unter der Theke der Rezeption ein altes Gästebuch hervor, schlug es auf und hielt es Tommy und den anderen Mitspielern hin.

T. Rutschow
10.11. – 21.11.

K. Haya
14.11. – 13.12.

T. Diwiak
27.11. – 4.12.

R. Kloppenburg
28.11. – 30.11.

R. Stewart
28.11. – 7.12.

C. Montand
28.11. – 12.12.

E. Löns
1.12. – 9.12.

O. Chao
1.12. – 13.12.

E. Heinrich
2.12. – 3.12.

S. Damien
3.12. – 6.12.

S. Kader
3.12 – 13.12.

WAS SOLLTEN DIE KANDIDATEN TUN, WENN SIE ESSEN FINDEN WOLLTEN?

1 In ihrem Gepäck wühlen **2** In der Küche suchen

3 Die Treppe hochgehen

1 **2** **3**

„Wie meinst du das?", fragte Kathy überrumpelt. „Leuchte mal hier rüber zu der Schrift auf der Wand", bat Tommy sie leise. „,Immer der Reihe nach' ... Ich denke, das soll darauf hinweisen, dass bei den drei Zahlen immer eine Abfolge zu erkennen ist, bei der allerdings eine Zahl dazwischen fehlt. Also bei 235 die 4, dann hätten wir 2345, bei 689 die 7 und bei 457 fehlt die 6, ergibt also 476."

Kathy leuchtete von den Zahlen wieder in sein Gesicht: „Okay, kann sein, aber was zur Hölle machst DU hier? Und warum steht ein Rätsel an dieser maroden Mauer?" Tommy musste bei dem grellen Licht der Lampe die Augen zusammenkneifen.

Er seufzte, dann gab er sich einen Ruck. „Okay, okay", flüsterte er. „Aber kannst du bitte mal aufhören, mich anzuleuchten wie ein Ausstellungsstück im Museum? So entdeckst du am Ende noch meine Geheimratsecken." Sie senkte die Lampe und beide setzten sich auf eine der alten Liegen, die noch halbwegs stabil aussah. „Und jetzt leg los", drängte Kathy. „Hier unten sind keine Kameras, du kannst also frei sprechen."

„Ich habe Nachrichten bekommen", erklärte er. „Ich habe keine Ahnung von wem und warum, aber diese Briefe haben mich hierhergeführt. Ich sollte niemand davon erzählen, deswegen habe ich mich nachts aus dem Zimmer geschlichen, so haben die Kameras mich auch nicht erwischt, nur du." Er musste grinsen. „Wie hast du mich überhaupt gefunden?"

„Ich musste austreten, und da unsere großartigen Unterkünfte ja keine eigenen Badezimmer haben, blieb mir nichts anderes übrig, als mich im Schlafanzug auf den Weg zu machen." Sie blickte an sich hinunter, erst jetzt schien ihr klar zu werden, dass sie sich in diesem Aufzug einem fast fremden Mann zeigte. Sie rieb wieder nervös ihre Oberschenkel. „Ich hatte schon überlegt, ob ich Vanessa

wecken soll, weil mir allein so unheimlich war. Aber nach dem Tag heute hat sie zumindest eine ungestörte Nachtruhe verdient. Tja, und noch bevor ich die Taschenlampe anschalten konnte, habe ich leise Schritte gehört, denen ich gefolgt bin."

„Das war ganz schön mutig", sagte Tommy nicht ohne Bewunderung. „Oder ganz schön dumm!" Sie lachte. „Und was machst du jetzt mit diesem Code?", fragte Kathy.

„Wenn ich das wüsste ...", murmelte Tommy und stand auf, um sich noch weiter im Schwimmbad umzusehen. Doch er konnte nicht erkennen, wie ihn die drei Zahlen weiterbringen sollten.

„Dann komm, wir gehen besser wieder ins Bett, bevor Frett vielleicht auch mal muss", schlug Kathy vor, und so folgte Tommy ihr zu den Treppen. „Lass die Taschenlampe ausgeschaltet, sobald wir im Flur sind", bat er sie. „Ich kann darauf verzichten, dass Raki jeden unserer Schritte verfolgt, und solange ich nicht weiß, was gespielt wird und vor allem von wem, sollte das Ganze besser zwischen uns beiden bleiben." Kathy nickte, und so schlichen sie im Dunkeln wieder hinauf zu ihren Zimmern.

Am nächsten Tag hatte das Schneegestöber eine kurze Pause eingelegt. Der grauweiße Himmel hing aber wie eine Androhung von weiterem Niederschlag über dem Hotel. Als Tommy in die Küche trat, hantierte Löwmann bereits an der Kaffeemaschine herum. „Ein Glück, dass die Fernsehfuzzis wenigstens ausreichend Kaffee und Wein für uns eingelagert haben", stellte er fest, während er Tommy eine dampfende Tasse herüberschob.

„Hat sich immer noch niemand vom Filmteam gemeldet wegen des Mordes?", fragte Tommy, obwohl er die Antwort kannte. Löwmann schüttelte den Kopf. Dann sah er sich verstohlen zur

Küchentür um, bevor er mit gedämpfter Stimme fortfuhr: „Ich habe da was beobachtet, über das ich unbedingt mit dir sprechen muss …" Tommy spürte, wie sich seine Kiefermuskeln anspannten. „Wie sieht´s mit Kaffee aus?", tönte Frett in diesem Moment durch die Holztür aus dem Gastraum.

„Lass uns später in Ruhe reden", murmelte Löwmann und rief dann lauter: „Ist fertig, aber ich bin nicht dein persönlicher Diener, Frett. Du musst wohl deinen gelifteten Hintern erheben und selbst in die Küche kommen, wenn du einen trinken möchtest!"

Tommy war so angespannt, dass er kaum den Geschmack des trockenen Knäckebrots wahrnahm, als er die letzte Scheibe hinunterschlang. Seine Neugier und auch ein wenig Angst quälten ihn und er konnte den Blick kaum von Löwmann abwenden. Der tat so, als ob nichts gewesen wäre, und strahlte nach außen weiterhin die Ruhe aus, für die Tommy ihn von Anfang an gemocht hatte. Tommy stand auf und schnappte sich Block und Stift vom Tresen, mit denen die Kellner früher wohl die Bestellungen der Gäste aufgenommen hatten. Wie immer, wenn er nervös war, begann er zu zeichnen: Eine Spinne, die in einem Netz lauerte. Und er war die unwissende Fliege …

Beim Abräumen raunte Tommy dem Koch zu: „Jetzt spann mich nicht auf die Folter, sag mir wenigstens, um was es geht!" Löwmann nahm ihm den Block ab und begann selbst herumzukritzeln, bevor er den Zettel abriss und Tommy in die Hand drückte.

WAS WILL LÖWMANN TOMMY SAGEN?

❶ Dass noch jemand in dem Hotel ist, von dem sie nichts wissen

❷ Dass einer der Kandidaten etwas im Schilde führt

❸ Dass er Tommy bei seinem nächtlichen Ausflug beobachtet hat

Tommy wusste nicht, was er mit der Aussage auf dem Zettel anfangen sollte. War es eine Feststellung? Eine Drohung? Oder – und davor hatte Tommy am meisten Angst – eine Erinnerung?

Da entdeckte er die seltsam angeordneten Linien zwischen den Buchstaben. Aus einer Laune heraus faltete er das Blatt entlang der Markierungen und konnte kaum glauben, was er sah: Das Wort „Keller" hatte sich gebildet.

Am liebsten wäre er sofort aufgebrochen, froh über die Möglichkeit, etwas tun zu können. Über die Möglichkeit, vielleicht sogar etwas über Löwmann zu erfahren. Aber er zwang sich zur Geduld.

Stattdessen suchte er Kathy und fand sie neben Mirko Walbecker in der Lobby. „Wollen wir noch mal kurz frische Luft schnappen vor dem Schlafgehen?", fragte er und Kathy schien sich über die Einladung zu freuen. Es tat Tommy ein wenig leid, dass er Mirko nicht miteinbezog, aber er musste Kathy unter vier Augen sprechen.

Draußen wütete erneut ein heftiger Wind, der Tommy vereinzelte Schneeflocken in die Augen wehte und jegliche Geräusche verschluckte. Kaum vor der Tür, raunte Tommy bereits: „Neuer Zettel. Vielleicht eine Spur zu Löwmann." Sie sah ihn aus großen, grünen Augen an. Dann ging sie weiter, als ob Tommy nichts gesagt hätte, und flüsterte zurück: „Was steht drin?" „Ich muss heute Nacht in den Keller. Ich wollte nur, dass du weißt, wo ich hingehe, damit du zur Not Alarm schlagen kannst, wenn ich morgen früh nicht zum Frühstück auftauche", antwortete Tommy und fragte sich dabei, ob die Katakomben unter dem baufälligen Hotel so unheimlich sein würden, wie er sie sich gerade ausmalte. „Ich komme mit", stellte Kathy fest, und als sie sah, dass Tommy protestieren wollte, schob sie hinterher: „Du hast doch nicht mal eine anständige Taschenlampe."

„Das ist typisch Frau." Er musste grinsen. „Ich mache mich auf, um vielleicht einen geisteskranken Killer zu treffen, und du denkst, du musst mich beschützen. Du bist einfach zu gut für diese Welt." Kathys Lächeln rutschte von ihren Lippen. „Nicht so gut, wie du vielleicht denkst."

Sie waren mittlerweile an dem großen Tannenbaum angekommen, unter dem noch vor Kurzem ein Toter gelegen hatte. Kathy hatte ihre Hände tief in den Taschen des grünen Daunenmantels vergraben, als sie ansetzte: „Du weißt, dass ich das Geld aus dieser Show nicht für mich will, sondern für meinen Ex-Mann Josh? „Ja, damit eine von diesen modernen Robo-Prothesen bekommt und wieder laufen kann, oder? Find ich ehrlich gesagt ziemlich nobel von dir." Sie stand jetzt ganz dicht neben ihm, und nur deshalb konnte er hören, was sie leise sagte: „Jeder weiß, dass mein Ex bei einem Motorradunfall seine Beine verloren hat." Sie schluckte. „Aber keiner weiß, dass ich daran schuld bin." Tommy ließ ihr Zeit, sich zu sammeln.

„Wir waren auf einer nassen Straße unterwegs. Josh hatte mich noch ermahnt, nicht zu schnell zu fahren, denn ich hatte gar keinen Führerschein und war nicht besonders geübt im Motorradfahren. Aber ich hatte so lange gebettelt, bis er mich an den Lenker ließ. Ein Auto scherte auf dem Highway plötzlich direkt vor uns aus, ich musste bremsen und verlor die Kontrolle über das Motorrad. Wie durch ein Wunder hatte ich nur eine Schürfwunde am Arm, aber Josh hatte nicht so viel Glück." Sie rieb sich unbewusst über den Arm, und Tommy erinnerte sich an die Narbe, die er darauf gesehen hatte. „Später hat Josh darauf bestanden, dass er das Motorrad gesteuert habe. Damit ich keinen Ärger bekomme. Er hat so lange auf mich eingeredet, bis ich es beinahe selbst geglaubt habe." Sie machte eine kurze Pause. „Tja, du siehst, ganz so selbstlos bin ich nicht. Wenn du mich jetzt nicht mehr dabeihaben willst heute Nacht, akzeptiere ich das natürlich."

„Ich vermute, du wirst zumindest kein Motorrad fahren müssen", versuchte Tommy sie aufzumuntern und schlug sich im gleichen Moment an den Hinterkopf. „Sorry, doofer Spruch! Passiert, wenn ich nervös bin." Ihm fiel ein Stein vom Herzen, als er sah, dass sie vorsichtig grinste: „Also abgemacht. Wir treffen uns um kurz nach Mitternacht auf dem Flur."

Als es schließlich so weit war, hatte Tommy diesmal statt seines Pyjamas Hosen und Pullover angelassen und auch Kathy trug normale Kleidung. Tommy schlich in der Dunkelheit voran und führte sie zu der Treppe, die ihn schon in der vergangenen Nacht zum Spa-Bereich gebracht hatte. Diesmal stiegen sie allerdings noch tiefer hinab in die Eingeweide des Gebäudes. Ein modriger Geruch durchtränkte die Finsternis, begleitet von einer unangenehmen Kühle.

Ihr Weg endete an einer großen Stahltür. Tommy versuchte sie zu öffnen, doch sie war mit einem massiven Zahlenschloss verriegelt. Enttäuscht lehnte er seinen Kopf gegen das kalte Metall.

„Warte mal! Das hier könnte der Schlüssel sein!", sagte Kathy und richtete den Strahl ihrer Taschenlampe auf eine seltsame Kritzelei auf dem grünen Lack der Tür.

DIE RICHTIGEN VERBINDUNGEN SIND ALLES.

WELCHER CODE ÖFFNET DIE KELLERTÜR?

1 554   **2** 182   **3** 487

Hier endet alles ... Tommy verstand die Drohung, die in diesem Hinweis steckte, nur zu gut. Doch wo war dieses HIER? Er dachte angestrengt nach und erkannte, dass L und R für links und rechts stehen mussten, U und O für unten und oben. Tommy startete an der Stelle mit dem Kreuz und wanderte mit dem Finger zwei Schritte nach links, dann zwei Schritte nach unten. Als er der Anweisung komplett gefolgt war, hatte er eine 6 gezeichnet und die hatte auf der Touristen-Karte die alte Skipiste markiert.

Tommy wusste nicht, ob er es mit seinem Bein überhaupt so weit schaffen konnte, doch er musste es einfach versuchen. Er folgte dem eingeschneiten Pfad, der vom See weg weiter nach Osten führte.

Während er versuchte, das Zittern seines Körpers unter Kontrolle zu halten, erinnerte sich Tommy zum ersten Mal seit vielen Jahren an die Zeit nach dem Unfall.

Die Polizei hatte ihn vernommen, auch wenn seine Eltern versucht hatten, das zu verhindern. Er dagegen war froh gewesen, als er ihnen alles erzählen konnte, und hatte damit gerechnet, dass sie ihn verhaften und einsperren würden. Doch nichts geschah. Tommy wurde freigesprochen.

Seine Eltern unternahmen alles, um die Geschichte in Zweibrücken nicht an die Öffentlichkeit kommen zu lassen. Zu Hause wurde niemals über diese Nacht gesprochen, seine Eltern taten so, als ob das alles nie passiert wäre.

Doch für Tommy änderte sich alles. Er wollte das Haus nicht mehr verlassen, niemanden sehen. Es dauerte Monate, bis er die Schule wieder besuchen konnte, doch selbst dann wurde er immer wieder von Panikattacken heimgesucht.

Genau deswegen war es ihm fast wie ein kleines Wunder erschienen, als er schließlich Marlene kennengelernt und mit ihr eine kleine Familie gegründet hatte. Der Fluch der Vergangenheit schien endgültig gebrochen, und Tommy beschloss, diesen Teil seines Lebens für immer wegzuschließen.

Er hatte mittlerweile die Brücke überquert und sah auf einen langen Hang, der an beiden Seiten von Bäumen gesäumt war. In der Mitte wurde die ehemalige Piste von den Resten der Liftanlage durchtrennt, die in guten Zeiten die wohlhabenden Gäste des Hotels auf den privaten Skihügel geschleppt hatte.

Am oberen Ende der Anlage konnte Tommy eine kleine Hütte erkennen, in der vermutlich der Liftbetreiber gesessen und den Leuten bei ihrem Skivergnügen zugesehen hatte.

Doch Tommys Augen wurden von etwas ganz anderem angezogen. Am Einstieg des alten Lifts thronte eine Holzkiste, auf der mit roten Lettern „Von Tobias" geschrieben stand. Tommy ging darauf zu und öffnete langsam die Kiste, ganz so, als ob jeden Moment eine Giftschlange daraus hervorschnellen könnte.

Darin lag ein Paar Handschellen und daneben ein Brief:„Kette dich an den Motor des Lifts und gestehe. Erzähle allen, was du damals getan hast. Und dann warte, bis du genauso elend erfrierst wie er. Wenn du dich selbst opferst, wird niemand anderes sterben."

Tommy erschauderte, ihm war in den nassen Schuhen und Hosen bereits jetzt so kalt, dass er seine Füße nicht mehr spüren konnte, bald würden auch seine Beine und Arme taub werden. Wenn sein Körper unter 29 Grad abkühlen würde, wäre alles vorbei. Er sah auf die Uhr: 23:55 Uhr.

Er blickte sich um und entdeckte in einem der Bäume eine Kamera. Wie in Trance nahm er die Handschellen und legte sie sich um das Handgelenk, die andere Hälfte befestigte er an dem massiven Stahlmotor des Lifts. Dann ließ er sich zitternd und völlig entkräftet auf den eisigen Boden sinken und begann, die Geschichte von der Party zu erzählen. Von Nathalie, von der Heimfahrt und davon, wie er Tobias an der Bushaltestelle zurückgelassen hatte. Als er geendet hatte, fühlte er sich völlig leer. Es war bereits nach Mitternacht, doch nichts passierte, außer dass er merkte, wie ihn seine Kräfte verließen. Genau wie die Hoffnung, Kathy retten zu können.

Eine halbe Stunde später war der Schmerz im Bein zu einem dumpfen Pochen geworden und sein ganzer Körper war taub vor Kälte. Durch gefrorene Wimpern blickte er nach oben zu der kleinen Hütte und glaubte am Fenster eine Bewegung zu sehen und eine grüne Jacke. War Kathy mit diesem Verrückten dort oben? Er riss kraftlos an den Handschellen, doch die schnitten ihm nur tief ins Fleisch, ließen ihr Opfer aber nicht los. Tommy merkte, wie er immer müder wurde. Er wollte nur noch die Augen schließen. Nur ganz kurz. Dann war alles schwarz.

„Tommy! Tommy!" Er hörte eine Stimme, die wie durch Watte an seine Ohren drang und alarmiert seinen Namen rief. Er blinzelte und war sich nicht sicher, ob er schon gestorben war. Denn ein paar Meter entfernt stand ein Mann, der eigentlich nicht hier sein durfte: Es war Sebastian Rowitsch. Und dann verstand er.

WIESO KANN ER ROWITSCH SEHEN?

1 Es ist nicht Rowitsch, sondern Frett.

2 Tommy halluziniert.

3 Rowitsch arbeitet für das Filmteam.

1 **2** **3**

Tommy war verzweifelt. Der Killer hatte sich jetzt auch Kathy geschnappt. Von Anfang an hatte der anonyme Briefeschreiber ihm also nicht helfen, sondern ihn in eine Falle locken wollen. Aber warum?

Jetzt war es zu spät. Er musste das Versteckspiel weiterspielen, wenn er wenigstens Kathys Leben retten wollte. Zumindest wusste er, wann er den Treffpunkt aufsuchen sollte: Er war von Mitternacht aus einfach die angegebenen Schritte vor- oder zurückgegangen, je nachdem, ob ein V oder Z vor der Zahl stand. Um 20 Uhr würde er bei diesem toten Baum sein müssen. Und zwar ohne dass einer der anderen ihm folgte.

Jetzt musste er erst mal wieder in sein Zimmer, ohne aufzufallen. Er lief zu der grünen Abschlusstür und wollte sie leise aufdrücken, doch sie bewegte sich keinen Zentimeter.

Tommy fluchte. Jetzt hatte ihn dieser Verrückte auch noch im Keller eingeschlossen. Mit nichts als einer Kerze und einem Küchenmesser. Er spürte, wie ihm die Kälte unter die Kleider kroch. Noch einmal rüttelte er an der Tür, doch es tat sich nichts. Er klopfte gegen das Metall, rief nach den anderen. Wenn sie ihn hier nicht rausholten, würde er nicht zum Treffpunkt kommen und Kathy retten können. Wahrscheinlich würde er hier jämmerlich erfrieren. Die Kerze konnte ihm noch maximal eine Stunde Licht schenken, dann würde er in der Finsternis festsitzen. Noch einmal schrie er laut um Hilfe, doch der Stahl schien sämtliche Geräusche zu verschlucken. Er nahm Anlauf und rammte seine Schulter gegen die Tür. Doch die blieb felsenfest in ihrer Verankerung, was man von Tommy nicht behaupten konnte. Durch die Wucht des Aufpralls stolperte er zurück und warf dabei die Kerze auf dem Boden um.

Die plötzliche Dunkelheit war wie ein Schlag ins Gesicht. Jegliche Wut und Energie schienen mit der Kerzenflamme erloschen zu sein.

Von einer tiefen Erschöpfung gepackt ließ er sich auf den Boden gleiten, mit dem Rücken an die kühle Tür gelehnt. Die Schwärze war undurchdringbar, anders als die Dunkelheit, die er aus der Stadt kannte und in der es immer den Schimmer eines elektrischen Lichts gab. Diese Dunkelheit schien zu leben. Je länger er hineinstarrte, desto mehr erschien es ihm, als ob er Schatten darin erblicken konnte. Schatten der Vergangenheit. Schatten, die auf ihn lauerten und nur darauf warteten, ihn zu verschlingen.

Er wurde von einem Geräusch geweckt. Eine Stimme, ganz leise und gedämpft. Er glaubte seinen Namen zu verstehen. Dann ein Kratzen an der Tür, ein Rucken und die Stahltür ging auf und Licht blendete seine Augen.

„Tommy!", sagte Frett scheinbar überrascht. „Was machst du denn hier unten? Wir haben dich und Kathy schon überall gesucht! Wolltet ihr hier ein kleines Tête-à-Tête abhalten?"

Er brauchte nur eine Sekunde, um sich zu sammeln und zu fragen: „Kathy ist weg?"

Tommy erklärte, dass er allein in den Keller gestiegen sei, weil er gehofft habe, hier Spuren von Löwmann zu finden. Dass er in der Nacht unterwegs gewesen war, erklärte er damit, dass er die Kameras und somit Raki und das Filmteam habe umgehen wollen, falls sie etwas mit dem Mord und dem Verschwinden Löwmanns zu tun haben sollten.

Er habe Kathy seit dem Abend nicht mehr gesehen und mache sich jetzt große Sorgen um sie. Zumindest der letzte Teil war nicht gelogen.

Schweigend saßen sie in dem Gastraum, der nun noch viel größer und leerer als zuvor erschien. Selbst Frett schien von einer inneren

Unruhe befallen worden zu sein, denn er trommelte unablässig mit dem Finger auf den Holztisch. Tommy beobachtete, wie Vanessa ab und zu verstohlen zu Mirko hinüberschaute, der neben ihr saß, sich dann aber schnell wieder ihren manikürten Fingernägeln zuwandte.

Da zerschnitt der bekannte Alarmton die bedrückende Stille und die Computerstimme verkündete: „Liebe Kandidaten, heute bekommt ihr die Möglichkeit, eine weitere Tür im ersten Stock zu öffnen und euch so eine neue Essensration zu erspielen. Löst dazu das Rätsel, das ihr in der Kuckucksuhr findet. Aber Achtung: Stille Wasser sind tief, nicht wahr, Mirko?"

Alle Augen wanderten zu dem Obdachlosen, der unverwandt in den Schnee hinausstarrte und sich dabei unaufhörlich am Hals kratzte. Vanessa stand unwillkürlich auf und Tommy glaubte so etwas wie Angst in ihren Augen zu entdecken. Frett griff ungeduldig nach der Kuckucksuhr, die an einer der Wände hing.

Er fingerte in dem kleinen Häuschen, in dem das Vögelchen versteckt war, herum und zog schließlich einen winzigen, zusammengerollten Zettel heraus.

25 Minuten, die alles verändern

WORAUF WEIST DAS RÄTSEL HIN?

1. Auf ein Fahrzeug

2. Auf eine Person

3. Auf den Ozean

Zwei Seiten der Medaille, das Gespräch unter vier Augen und sieben Todsünden, 2 – 4 – 7.

Tommy trat näher an die Treppenstufen heran. Im spärlichen Licht erkannte er, dass sich Zahlen bildeten, wenn er die zweite, vierte und siebte Stufe aneinandersetzte.

„421 ...", murmelte er leise, und Löwmann klopfte ihm anerkennend auf die Schulter.

Als sie die Truhe geöffnet hatten, fanden sie darin ausreichend Decken und Kissen für alle. „Sollen wir zusammen in ein Zimmer?", fragte ihn Rowitsch, woraufhin Tommy nickte, obwohl er lieber zu Löwmann gegangen wäre. Aber so war er zumindest davor sicher, gemeinsam mit Frett schlafen zu müssen, der zusammen mit Mirko Walbecker ein Zimmer bezog. Die vorletzte Unterkunft teilten sich erwartungsgemäß Vanessa und Kathy, und so blieb für Löwmann ein Einzelzimmer.

„Glück gehabt", grinste der und hielt sich den Bauch, „ich schnarche wie ein ganzes Sägewerk!"

Nachdem sich alle eingerichtet hatten, versammelten sie sich nach und nach wieder im Gastraum Als Kathy den das große Zimmer betrat, setzte sie sich neben Tommy auf die Holzbank und rieb sich nervös über die Oberschenkel. „Schon irgendwie seltsam, hier eingeschlossen zu sein mit Menschen, die man gar nicht kennt."

„Wir könnten die anderen ja mal googeln ... Ach, Moment, wir haben ja gar keine Handys dabei!", versuchte Tommy zu scherzen. „Im Internet findet man meistens nicht die wahren Geschichten hinter den Menschen", antwortete sie und schaute ihm dabei neugierig ins Gesicht. „Welches dunkle Geheimnis hat dich denn hierhergeführt?"

Er überlegte kurz und sagte dann schließlich: „Ich habe leider der falschen Person vertraut. Und wegen meinem Fehler ist jetzt meine Familie richtig in Schwierigkeiten."

Kathy schluckte kurz, bevor sie sagte: „Das hört sich aber nicht gut an." Er wusste es zu schätzen, dass sie nicht weiter nachbohrte. Vor allem, da er in diesem Moment an die ganzen versteckten Kameras denken musste.

„Und du?", fragte er. „Wie kommt es, dass die Moderatorin eines amerikanischen TV-Senders akzentfrei Deutsch spricht?" Um ihre grünen Augen bildeten sich Lachfältchen. „Eines Lokalsenders!", betonte sie grinsend. „Das ist nur halb so glamourös, wie du es dir vorstellst. Ich bin hier geboren und erst mit 18 in die USA gegangen, habe geheiratet, mich wieder scheiden lassen und jetzt beschlossen, mal was Neues zu versuchen."

Vanessa und Mirko gesellten sich zu ihnen an den Tisch. „Habt ihr mal rausgeschaut?", fragte die blonde Frau. „Der Schneefall wird immer dichter. Wenn das so weitergeht, sind wir morgen komplett eingeschneit." Tommy spürte ein leichtes Beklemmungsgefühl in sich aufsteigen. Ganz ähnlich dem, das ihm die Fahrt mit der Gondel beschert hatte. Er war erleichtert, als Löwmann ihnen kurze Zeit später Gulasch mit Nudeln servierte und er sich auf das Essen konzentrieren konnte.

Alle waren nach dem aufregenden ersten Tag müde und gingen früh zu Bett. Tommy seufzte erleichtert, als Rowitsch das Licht ausschaltete, denn, so hatte Raki ihnen erklärt, im Dunkeln würden die Kameras nicht aufzeichnen, da sie mit Bewegungsmeldern arbeiteten. Er fiel in einen unruhigen Schlaf und war überrascht, als er am Morgen um sieben Uhr wach wurde und das Bett seines Zimmergenossen bereits leer war. Da gellte plötzlich ein Schrei durch das Haus, und Tommy rannte in Richtung Küche. Am Fenster stand Vanessa, die Arme schützend um sich geschlungen. Sie starrte zitternd nach draußen.

Als Tommy neben sie trat, sah er im Morgengrauen zuerst nur den geschmückten Tannenbaum, der einige Meter entfernt auf der Wiese vor der Terrasse stand. Dann entdeckte er neben dem Baum einen dunklen, unförmigen Fleck auf dem weißen Schneeteppich. „Da liegt jemand …", stammelte Vanessa erschrocken.

Auch die anderen waren mittlerweile in der Küche angekommen und sahen den leblosen Körper unter dem Christbaum.

Als Tommy die Augen zusammenkniff, konnte er einen blonden Kopf erkennen – und eine dunkelrote Lache daneben. Er schauderte.
„Ist das nicht … Rowitsch …?", stöhnte Löwmann. „Vielleicht ist er gestern Abend noch einmal aufgestanden, nachdem wir anderen eingeschlafen waren, und ist beim Spazierengehen ausgerutscht?", mutmaßte er.

Doch Tommy wusste, dass das nicht stimmen konnte.

WOHER WEISS TOMMY, DASS ROWITSCH NICHT BEI EINEM ABENDSPAZIERGANG AUSGERUTSCHT IST?

1 Weil er weiß, warum Rowitsch sterben musste

2 Weil er Rowitsch beim Aufstehen gehört hätte

3 Weil Rowitsch erst seit Kurzem draußen lag

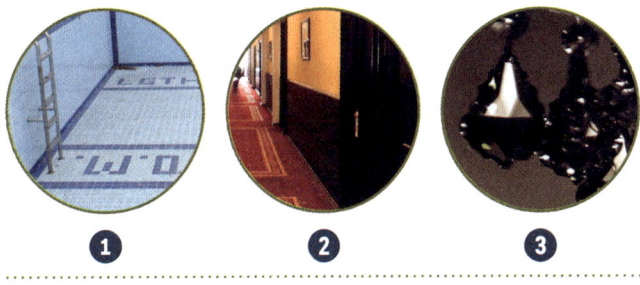

„Was soll denn der Mist?", schimpfte Frett gereizt. „Bei keiner Uhr der Welt würden die Zeiger so stehen. Wenn es genau drei Uhr wäre, müsste der Minutenzeiger auf die Zwölf zeigen."

„Das ist genau der Hinweis, der uns zeigt, wo wir anfangen sollen", unterbrach ihn Vanessa. „Die Zeiger deuten auf das M. Und die 25 Minuten bedeuten, dass wir immer 25 Minuten nach vorne gehen sollen, also vom M auf das E, dann das nächste E und so weiter. So ergibt sich das Wort MEERESTIEFEN."

„Soll das etwa noch mal bestätigen, dass stille Wasser tief sind und Walbecker nicht nur ein harmloser Obdachloser ist?", fragte Frett, der seine alte Angriffslust zurückgewonnen zu haben schien.

Alle warteten darauf, dass Mirko die Situation erklärte, doch der schwieg.

„Verdammt noch mal, ich habe langsam keine Lust mehr auf dein blödes Opfergetue. Denkst du wirklich, darauf fallen die Leute an den Fernsehbildschirmen herein?" Frett stellte sich herausfordernd vor Mirko, und Tommy fiel auf, dass Vanessa diesem nicht zur Seite stand, wie sie es sonst immer getan hatte. Sie hatte sich etwas abseits an die Theke gesetzt und ließ die beiden Männer nicht aus den Augen.

Schließlich drehte sich Mirko um und sagte langsam: „Es ist alles deine Schuld, Frett."

Fretts Augen spiegelten absolutes Unverständnis und Verwirrung wider. Wenn die Situation nicht so ernst gewesen wäre, hätte Tommy bei diesem Anblick lachen müssen.

„Weißt du, dass ich normalerweise einen Blaumann trage?", fragte Mirko. „Den hab ich mal auf einer Baustelle mitgehen lassen. So fällt es den Leuten nicht so auf, wenn ich einfach irgendwo herumstehe, ohne etwas zu tun. Ich verschmelze einfach mit dem Bild, das sie kennen. Kein nutzloser Landstreicher, der für sie bedrohlich wirken könnte, sondern einfach nur ein Bauarbeiter, der auf seine Kollegen wartet. Ist dann auch nicht so schlimm, wenn man aufgerissene Knie oder andere Löcher in der Kleidung hat. Schließlich ist man nicht verwahrlost, sondern ein arbeitendes Mitglied der Gesellschaft. Der Schein ist alles. Hab etwas gebraucht, um das zu verstehen. Am Anfang bin ich noch häufig von den Leuten oder der Polizei davongejagt worden, aber wenn man auf der Straße lebt, lernt man sehr schnell. Sagt dir Corredor noch etwas?"

Frett blinzelte kurz. „Deine Firma hat mir Corredor Aktien verkauft, angeblich eine todsichere Geldanlage. Am Ende hatte ich über 300 000 Euro Verlust und musste jeden Monat 2300 Euro Schulden bezahlen. 2300 Euro, die ich nicht hatte. Ich wurde zum Alkoholiker, meine Frau hat mich verlassen und unsere acht Jahre alte Tochter Anna durfte ich nur noch an den Wochenenden oder in den Ferien sehen. Die letzten Sommerferien haben wir auf Fuerteventura verbracht. Eine Woche lang, und Anna wollte immer ans Meer. Von morgens bis abends. Nach fünf Tagen war es mir zu viel, ich wollte meine Ruhe und meine Flasche Wodka. Ich sagte Anna, dass sie schon mal alleine zum Meer gehen könne, ich würde gleich nachkommen. Ich wusste nicht, dass an diesem Tag vor besonders heftigen Strömungen gewarnt worden war. Und sie achtete wohl nicht auf die rote Flagge am Ufer. Als ich 25 Minuten später am Strand eintraf, lag da immer noch ihr Mickymaus-Handtuch, doch sie war weg. Zwei Tage später hat man ihre Leiche gefunden. Danach ging alles ganz schnell. Mein Leben war zu Ende. Ich brach alle Kontakte ab, ging nicht mehr arbeiten, bezahlte keine Rechnungen mehr – und nach einem halben Jahr fand ich mich auf der Straße wieder."

Vanessa war blass geworden. „Und das wolltest du Frett heimzahlen?"

„Wie meinst du das?", fragte der Unternehmer irritiert. Vanessa wand sich, doch dann sagte sie: „Ich habe dich heute Nacht gesehen, Mirko. Du bist auf dem Gang herumgeschlichen, mit einem Messer in der Hand." Fretts Augen wurden groß. Mirko kratzte sich nervös am Hals.

„Das stimmt, ich glaubte etwas gehört zu haben, also bin ich auf den Flur, um nachzuschauen. Das Messer habe ich aus der Küche mitgehen lassen. Auf der Straße lernst du dich zu schützen, wenn es sein muss. Und ja, ich gebe zu, ich habe mir Fretts Tod gewünscht, habe gehofft, dass es ihn als Nächsten erwischt, aber ich bin leider nicht in der Lage, einen anderen Menschen zu töten, selbst wenn er es verdient hätte." Er starrte Frett düster an.

„Ich finde es schon irgendwie seltsam, dass so kurz vor der Show einer der Teilnehmer aus Krankheitsgründen absagt und ausgerechnet du als Nachrückkandidat zu uns geschickt wirst", stellte Vanessa fest, und Tommy musste ihr zustimmen. Konnte Walbecker der Killer sein? Zumindest war er wohl in der Nacht herumgeschlichen, ganz so wie der anonyme Briefeschreiber, bevor er Kathy gekidnappt hatte. Wollte er sich an allen rächen, die ihm als geldgierig erschienen, um dann am Ende mit Frett abzurechnen? Der Tod des eigenen Kindes konnte einen den Verstand kosten, das konnte Tommy sich nur zu gut vorstellen. Aber warum sollte Mirko ihn hinaus in den Schnee schicken?

KOMM DEM RÄTSEL WEITER AUF DIE SPUR UND ÖFFNE DIREKT DIE NÄCHSTE SEITE!

„Aber ehrlich gesagt würde ich auch gern wissen, was DU wirklich im Keller gemacht hast", bohrte Vanessa nun bei Tommy nach. „Dass du dort nach Löwmann gesucht hast, glaubst du doch selbst nicht. Und Kathy hättest du leicht in einen Hinterhalt locken können, sie hatte offenbar einen Narren an dir gefressen." Tommy fühlte sich in die Enge gedrängt und beschloss, besser nichts darauf zu sagen, als sich in irgendwelche Lügenmärchen zu verstricken.

Das Misstrauen breitete sich zwischen ihm und den anderen aus wie ein krankhaftes Geschwür. Den ganzen Tag über belauerten sich alle vier, und Tommy fragte sich, wie um alles in der Welt er sich unbemerkt am Abend hinausschleichen sollte. Es blieb ihm nur eine Chance: die Flucht nach vorne.

Um kurz vor acht, als die anderen gerade dabei waren, einen Teil ihrer heute errätselten Ration zu kochen, zog er sich seine Schuhe und den Mantel an, vergewisserte sich noch mal, dass er den Zettel mit den seltsamen Kritzeleien aus dem Auerhahn dabeihatte, und rief den anderen zu: „Ich halte das nicht mehr aus, ich gehe jetzt und versuche Hilfe zu holen. Vielleicht gibt es im näheren Umkreis ja doch eine Berghütte oder so was. Irgendeinen Ort, an dem andere Menschen sind, die ihre Handys nicht wegen einer dämliche Spielshow abgegeben haben." Mirko wollten ihn aufhalten, doch da war Tommy schon aus der Tür getreten und in die Schneelandschaft gestapft.

Der Mond leuchtete hell und rund über der weißen Kulisse, und obwohl die Sonne längst untergegangen war, funkelte die frostige Landschaft in einem beinahe magischen Glühen.

Tommy sah sich um. Er ahnte bereits, was mit dem toten Baum gemeint war, denn am hinteren Ende der Lichtung ragte über die anderen Bäume hinaus der verkohlte Rest einer Eiche empor, die offenbar einmal einem Blitz zum Opfer gefallen war. Er ging am Waldrand entlang, bis er schließlich an dem kahlen Gerippe stehen blieb. An der schwarzen Rinde hatte jemand mit einem Nagel zwei Zettel hinterlassen, die Tommy sich jetzt genauer ansah. Der eine war eine Karte der Umgebung für Touristen, der andere zeigte seltsame Zahlen und Gleichungen.

WO MUSS TOMMY JETZT HINGEHEN?

1 Zum See

2 Zur Teufelsschlucht

3 Zur Grotte

1   **2**   **3**

❺ Kapelle

❸ Grotte

❷ See

❶ Hotel

❹ Teufelsschlucht

❻ Skipiste

98631 = 4
61172 = 1
69887 = 6
58621 = ?

Oft geht es nicht um den
wahren Wert, sondern nur um
das äußere Erscheinungsbild.
Hier sind keine Rechengenies
gefragt, sondern der Blick
auf das geschlossene Ganze.

Wenn man beide Zeilen übereinanderlegte, schien bei der neuen Nachricht immer ein Teil des Symbols zu fehlen. Genau diesen Teil nahm Tommy heraus und so entstand aus dem ersten Zeichen ein T. Er machte weiter und schließlich schälte sich so ein Name heraus, ein Name, der ihn in seinen Grundfesten erschütterte: Tobias.

Er war damals 18 Jahre alt gewesen, lebte noch bei seinen Eltern in seiner Heimatstadt Zweibrücken und war unterwegs zu der Party eines Klassenkameraden. Markus, den alle nur Maggi nannten, hatte zu einer Nikolausfeier zu sich nach Hause eingeladen. Als Tommy mit seinen beiden Freunden an dem großen Einfamilienhaus ankam, hörte er bereits laute Musik durch die Mauern wummern.

Obwohl Tommy sonst eher selten auf Partys war, genoss er diesen Abend in vollen Zügen. Alle seine Freunde waren da und er hatte es geschafft, endlich mit Nathalie ins Gespräch zu kommen, Maggis hübscher Schwester, die eine Jahrgangsstufe unter ihnen war. Um kurz nach zwölf war Tommy gerade in die Küche unterwegs, um Nathalie und sich ein neues Getränk zu besorgen. Als er zurückkam, sah er, wie Tobias, ein Klassenkamerad, sich an Nathalie herandrückte und versuchte, ihr etwas ins Ohr zu flüstern. Sie schob ihn weg, doch Tobias gab nicht auf. Er war groß und breit gebaut und sah ziemlich gut aus. Es war bekannt, dass er gerne möglichst „viele Slips erobern" wollte, wie er und seine Gang das ausdrückten. Und es war auch bekannt, dass er gerne mal eine Schlägerei anzettelte, vor allem wenn er sich wieder mal volllaufen ließ. Deswegen zögerte Tommy einen kurzen Augenblick, ging dann aber doch zu den beiden und stellte sich demonstrativ zwischen Tobias und Nathalie. „Ey, Alter, was soll das? Wir haben hier gerade was am Laufen!", lallte Tobias und stieß Tommy grob zu Boden. „Hier läuft gar nichts", sagte Nathalie brüsk und wollte Tommy aufhelfen. „Jetzt stell dich mal nicht so an ...", meinte Tobias, legte seinen Arm um ihre Taille und schob die Hand unter ihr Shirt. „Du spinnst wohl!" Nathalie verpasste Tobias eine ordentliche Ohrfeige und stürmte dann davon. Der drehte sich nur zu seinen Freunden um und lachte, während Tommy Nathalie hinterhersah.

Den Rest der Party konnte er sie nicht mehr finden, wahrscheinlich hatte sie sich auf ihr Zimmer zurückgezogen und telefonierte mit ihren Freundinnen.

Tommy blieb seinen Kumpels zuliebe noch zwei Stunden, denn er war dieses Mal mit dem Fahrdienst dran gewesen, doch er war froh, als Maggi um halb drei erklärte, das Bier sei leer und die Party beendet.

Tobias war mittlerweile so betrunken, dass er kaum noch laufen konnte. Seine Freunde waren auch schon alle weg, und so bat Maggi Tommy darum, Tobias nach Hause zu fahren.

Das war nun wirklich das Letzte, was Tommy im Sinn hatte, doch Maggi zuliebe gab er sich einen Ruck. Er setzte zuerst seine beiden Freunde zu Hause ab, da Tobias auf einem etwas abseits gelegenen Gutshof wohnte, und machte sich dann auf den Weg durch den Rest der Stadt. Sie hatten gerade die Hälfte der Strecke zurückgelegt, als Tommy von der Rückbank zuerst ein würgendes Geräusch hörte und dann der Geruch von Erbrochenem zu ihm schwappte. „Kannst du das nächste Mal Bescheid sagen, damit ich anhalten kann und du draußen kotzt, du Idiot?", fragte Tommy genervt. Tobias wischte sich den Mund ab und antwortete verwaschen. „Bei deiner Schrottkarre ist das doch eh egal. Du kleiner Pisser hast mir vorhin die Tour bei der kleinen Schlampe vermasselt." „Du solltest sie in Ruhe lassen", gab Tommy wütend zurück. „Du willst mir sagen, was ich machen soll?" Tobias lachte herablassend. „Du bist ein Loser. Alle wissen, dass du noch Jungfrau bist und es dir jeden Abend selbst besorgst." „Sei still", sagte Tommy scharf. In diesem Moment nahm Tobias ihn von hinten in den Schwitzkasten und drückte ihm die Luft ab. Nur weil Tobias so betrunken war, schaffte Tommy es, sich zu befreien, und wäre dabei beinahe mit einem entgegenkommenden Auto kollidiert. Er hielt den Wagen neben dem um diese Uhrzeit verwaisten Busbahnhof an und riss die hintere Autotür auf. Tobias taumelte aus dem Fahrzeug und wollte sich auf Tommy stürzen, doch stattdessen stolperte er und fiel auf den Boden. Er nahm einen seiner neongelben Turnschuhe und warf ihn nach Tommy. Der ließ den Betrunkenen an der Bushaltestelle sitzen und fuhr los.

Wie Tommy später erfahren sollte, war Tobias kurz darauf losgewankt, um nach Hause zu laufen. Von der Stadt aus hatte er die Abkürzung über ein nahegelegenes Feld nehmen wollen und hatte sich dabei verlaufen. Er war in dem angrenzenden Wald gelandet und war dort schließlich im Laufe der Nacht erfroren.

Für Tommy war damals eine Welt zusammengebrochen. Obwohl seine Eltern und der Schulpsychologe ihm immer wieder versicherten, dass es nicht seine Schuld war, konnte er monatelang nicht mehr die Schule besuchen. Er hätte Tobias nicht einfach in der Kälte zurücklassen dürfen, hätte die Polizei anrufen können. Jetzt bekam er endlich die Quittung für sein Vergehen. Doch es durften nicht andere dafür leiden, dass er einen Fehler gemacht hatte.

Er rappelte sich frierend auf und bemerkte, dass auch auf der Rückseite des neuen Zettels eine Nachricht stand.

WOHIN FÜHRT IHN SEIN LETZTER WEG?

1. **Zurück zum Hotel**
2. **Zur Skipiste**
3. **Zur Kapelle**

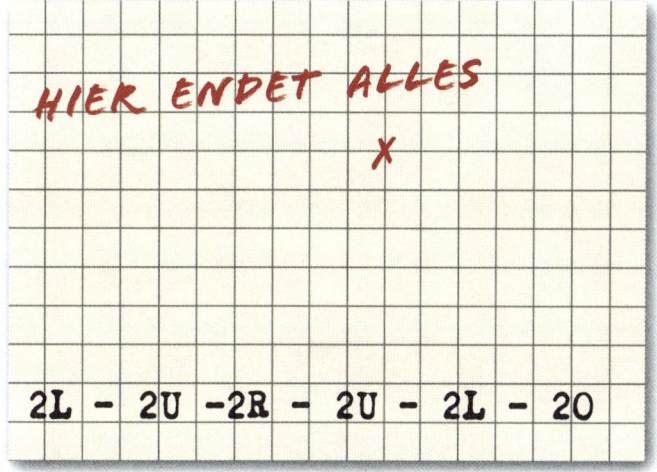

HIER ENDET ALLES
X

2L – 2U – 2R – 2U – 2L – 2O

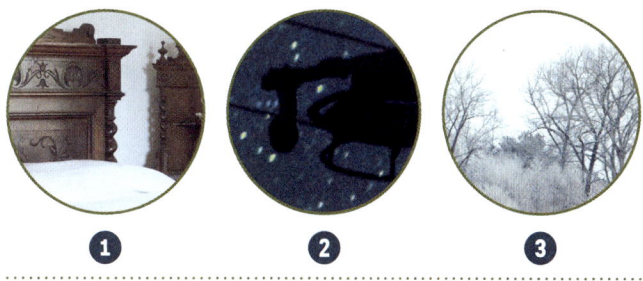

1   2   3

Tommy hielt in der Bewegung inne. Er hatte etwas gesehen, was sein Unterbewusstsein sofort alarmierte, doch sein Verstand brauchte ein paar Sekunden länger. Auf Kathys Ausweis, der mit den anderen Dingen auf dem Boden lag, hatte bei Geburtsort „Zweibrücken" gestanden.

Die Stadt, in der auch er geboren wurde und zur Schule ging. Die Stadt, in der damals das Unglück passiert war. Das konnte kein Zufall sein. Seine Gedanken rasten und sein Gedächtnis spuckte plötzlich alles auf einmal aus, was er so lange verdrängt hatte. Dann war ihm mit einem Mal alles klar.

„Hier hat gar kein Kampf stattgefunden. Es war nämlich niemals jemand anderes hier als du, oder?" Kathy schwieg. „Du bist Katharina, Tobias kleine Schwester." Es war keine Frage. Er erinnerte sich daran, dass er damals in der Zeitung gelesen hatte, dass Tobias nicht nur seine Eltern zurückließ, sondern auch eine Schwester, die er aber nie persönlich kennengelernt hatte. Sie war damals erst elf Jahre alt gewesen.

Kathy blickte ihn aus glasigen Augen an. „Unsere Eltern haben sich viel gestritten, waren nie da. Tobias hat auf mich aufgepasst, hat sich um mich gekümmert. Ich weiß, dass er manchmal schwierig sein konnte, aber für mich hat er alles bedeutet. Nach seinem Tod ging alles den Bach runter. Mein Vater begann meine Mutter zu schlagen, dann auch mich. Sobald ich 18 war, hab ich meine Koffer gepackt und bin nach Amerika gegangen. Weit weg von dem ganzen Mist. Aber ich habe Tobias immer bei mir getragen, wie einen schweren Rucksack, den man nicht mehr abnehmen kann."

Tommy wusste nicht, was er sagen sollte.

„Seit damals habe ich dich immer im Auge behalten", fuhr Kathy fort. „Du warst zwar nicht verurteilt worden, doch in einer Kleinstadt wie Zweibrücken bleibt ein Geheimnis nicht lange ein Geheimnis, wie du weißt. Es war mir unbegreiflich, wie du einfach so weiterleben konntest, während Tobias tot war. Ich habe online mitverfolgt, wie du Grafikdesigner wurdest, dass du geheiratet und eine Tochter bekommen hast. Und dann Jahre später schlug das Schicksal zu.

Mein Ex-Mann ist Geschäftsführer eines amerikanischen TV-Senders, er ist mit Raki befreundet. Sie haben mal bei irgendeinem internationalen TV-Format zusammengearbeitet. Als wir Raki vor ein paar Monaten zum Dinner trafen, erzählte er von seinem neuen Projekt: *Hotel Extreme*, und dass es sogar einen Kandidaten bei der Show gäbe, der wie ich aus Rheinland-Pfalz käme. Es stellte sich heraus, dass er sogar aus demselben Ort stammte, und dann konnte ich es kaum glauben, als tatsächlich dein Name fiel.

Ich bat Raki, auch an der Show teilnehmen zu dürfen. Ich erzählte ihm von den Robo-Prothesen für Josh und eine Woche später hatte ich die Zusage. Seit diesem Tag habe ich alles minutiös geplant. Ich habe mir das Hotel vorher angesehen und die Umgebung, und habe über meine Kontakte versucht, so viel wie möglich über die Technik herauszubekommen. Ich wusste, dass im Dunkeln nicht aufgezeichnet wurde und dass es hier auf der Skipiste für eine spätere Challenge eine Kamera gab, die dein Geständnis – dank des Bewegungsmelders – aufnehmen würde. Ich wollte, dass endlich die ganze Welt erfährt, wer du wirklich bist. Außerdem solltest du leiden. Genauso wie mein Bruder gelitten hat. Du solltest dich verletzen, du solltest frieren, du solltest die Dunkelheit sehen. Genau wie er in seinen letzten Stunden."

Tommy sah ihr ins Gesicht. „Hast du mir deswegen schon vor der Show diesen Drohbrief geschickt?" „Nein, das war Josh. Mein Ex-Mann ahnte, dass ich etwas plante, und wollte dich warnen, ohne mich zu verraten." „Aber was ist mit Löwmann passiert?", wollte Tommy wissen. „Der liegt gut verschnürt in einem der oberen Zimmer im Hotel. Er hatte mich beobachtet, als ich in den Spa-Bereich geschlichen bin, um den Hinweis anzubringen, und hat mich darauf angesprochen. Da musste ich ihn aus dem Verkehr ziehen. Tja, und wie es weiterging, weißt du ja bereits. Aber leider hat Rowitsch mir einen Strich durch die Rechnung gemacht. Von seiner Rolle hatte ich keine Ahnung. Ich dachte wirklich, er wäre ermordet worden, und hatte schon Angst, dass der Killer mir bei dir zuvorkommen würde."

„Nur gut, dass Raki dich nicht eingeweiht hatte", stellte Rowitsch fest. „Wenn ich nicht in meinem Bunker beobachtet hätte, dass Tommy auf der Skipiste festsitzt, wäre er vermutlich erfroren. Ich bin sofort losgerannt, habe zur Sicherheit noch Frett, Vanessa und Mirko alarmiert, falls ich Hilfe benötigen würde."

„Geht die Show denn jetzt noch weiter?", mischte sich Frett ein, was ihm ein ungläubiges Schnauben von Vanessa einbrachte.

„Das denke ich eher nicht", meinte Rowitsch und zog ein klobiges Funktelefon aus der Tasche. „Ich werde erst mal die Polizei informieren und einen Rettungshubschrauber, der dich in ein Krankenhaus bringt." Er klopfte Tommy auf die Schulter.

Kathy saß immer noch auf dem Boden. Sie sah zu Tommy auf und sagte: „Weißt du, ich hätte dich nicht sterben lassen, du solltest nur wissen, wie es sich anfühlt." Tommy war immer noch schockiert, doch gleichzeitig irgendwie von einer schweren Last befreit. „Auch wenn ich auf die letzten Stunden verzichten könnte, ich bin froh, dass alles herauskam. Ich werde jetzt vielleicht endlich mit der Vergangenheit abschließen können. Und dir, Kathy, wünsche ich das Gleiche."

Als der Rettungshubschrauber endlose 25 Minuten später mit ihm an Bord abhob, konnte er aus dem kleinen Fenster noch einen kurzen Blick auf seine ehemaligen Mitstreiter werfen. Er wunderte sich darüber, dass ihn die Enge im Innern des Hubschraubers und der Krach der Rotorblätter nicht in Panik versetzten. Vielleicht war er einfach nur zu erschöpft, aber vielleicht war dies auch der Beginn eines neuen Lebens.

ÖFFNE DIE LETZTE SEITE!

MÜNCHNER POST

25. Dezember 2022

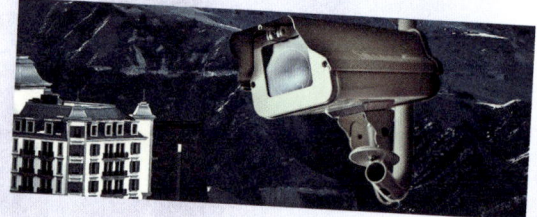

Hotel Extreme mit extremen Einschaltquoten und einem Helden

„Gestern Abend wurde passend zum Heiligabend das Finale von *Hotel Extreme* ausgestrahlt. Die Sendung holte über 70 Prozent Marktanteile und ist damit der absolute Quotensieger des Jahres.

Die Show von Erfolgsproduzent Robert Raki musste, anders als geplant, bereits am 6. Dezember abgebrochen werden, da eine der Kandidatinnen die Sendung für ihren ganz persönlichen Rachefeldzug missbraucht hatte (wir berichteten).

Am Ende hatte sie Thomas Freimann aufgefordert, sich selbst zu opfern, um andere Leben zu retten, was Freimann dann auch tat.

Der heldenhafte Einsatz scheint den Zuschauern gefallen zu haben. Sie wählten Freimann gestern im Finale zum Sieger der Show.

Freimann bekam unglaubliche zehn Millionen Euro als Prämie. Doch die Heldengeschichte war noch nicht zu Ende. Im Interview direkt im Anschluss an die Sendung verkündete Tommy Freimann, dass er das Geld mit seinen Mitspielern teilen wolle. Vanessa Gori solle den größten Anteil erhalten, um die sonst verlorene Einrichtung zum betreuten Wohnen für Jugendliche zu finanzieren, aber auch den anderen Kandidaten würde er einen Teil zukommen lassen, so Freimann. Er selbst werde mit dem Gewinn 400 000 Euro Schuldenbegleichen und seine Tochter zu einer Reise nach Australien einladen, wie er freudestrahlend verkündete.

Wenn das mal kein gelungenes Weihnachtsgeschenk

Berliner Rundschau

5. Januar 2023

Ausfall eines Kandidaten war kein Zufall

Kathy Miller, die viele aus der Sendung Hotel Extreme kennen, hat nicht nur Thomas Freimann übel mitgespielt. Wie sie jetzt gestand, war sie auch für den Ausfall eines der Kandidaten verantwortlich. Matthias M. hatte sie im Vorfeld der Show kontaktiert, um eine geheime Absprache zu treffen, die ihn näher an den Sieg der Show bringen sollte. Die Produktionsfirma hatte im Vorfeld zwar ein großes Geheimnis aus den Teilnehmern gemacht, doch Matthias M. hatte trotzdem Informationen über seine zukünftigen Mitspieler herausbekommen. Er hatte sich mit Kathy getroffen und ihr vorgeschlagen, dass sie vor den Kameras eine Liebesgeschichte vorspielen sollten, um so die Gunst der Zuschauer zu gewinnen. Im Gespräch hatte er wohl fallen lassen, dass er auch wisse, dass sie und ein weiterer Kandidat aus derselben Stadt stammten. Wie Kathy gestand, musste sie diese Information um jeden Preis vor Freimann geheim halten, wenn sie ihren Racheplan umsetzen wollte. Deswegen hatte sie scheinbar in den Vorschlag eingewilligt, Matthias M. dann aber zwei Tage vor Beginn der Show zum Abendessen getroffen und ihm dabei einen Chemiecocktail in den Wein gemischt. Thomas Freimann hatte nach den Vorkommnissen an der Piste keine Klage gegen Kathy Miller eingereicht. Ob Matthias M. das genauso handhaben wird, bleibt abzuwarten.

Impressum

Idee, Text & Konzept
Eva Eich

Bildnachweis

Cover
Shutterstock.com / Tanya Sid; Lulus Budi Santoso; Vastram; weerawath.p; Nosyrevy; Undrey; NikhomTreeVector; Professional Fine Art; Auxin

Innenteil
Shutterstock.com / photomaster; Joshua Small-Photographer; Africa Studio; Franz Metelec; IS MODE; tcsaba; Kim Kuperkova; Francesco Scatena; Zaur Rahimov; Color Symphony; Eugene Photo; Alex Stemmers; Szymon Mucha; A_Lesik; Peter Dedeurwaerder; vladimir subbotin; Dima Sobko; DC Studio; 24Novembers; Pavel Talashov; Katrien1; ESB Professional; EB Adventure Photography; LL_studio; Georgraphie; Smit; LightField Studios; Sergey Nivens; Standret; Sakaowrat; Kichigin; azerbaijan_stockers; Wise ant; Nevada31; Krasovski Dmitri; Lemonsoup14; Pilguj; Nyn.Space; Matt Becc; optimarc; Dmitruj; Jade Prevost Manuel; Bashutskyy; PhAs; Nine_Tomorrows; Wut_Moppie; Olivier Le Queinec; Food Impressions; Corepics VOF; Thomas Hecker; paulzhuk; Eskymaks; Dorottya Mathe; OFFFSTOCK; Serge Vo; Stokkete; Dodokat; Nitiphonphat; JKI14; Melinda Nagy; Surachet Jo; moritorus; Dmitriy Kazitsyn; thomas eder; Kiselev Andrey Valerevich; Vphoto; maradon 333; AgneshUladar; Cheshir.002; Volodymyr Burdiak; Francesco Abrignani; Tanya Sid; Vastram; Alex Stemmers; mexrix; Kostenko Maxim; Olga Nikonova; Peter Schulzek; Jaromir Chalabala; Undrey; sebra; Kengphotographer; Petr Student; rawf8; Flas100; PrimeMockup; Ihor; Evikka; CHEN MIN CHUN

Cover- und Innengestaltung: Marielle Enders, www.itsme-design.de

ISBN 987-3-8458-4917-1
www.arsedition.de

MIX
Papier | Fördert
gute Waldnutzung
FSC® C018236